中青年经济学家文库

U0518039

中国上市公司
债务保守研究

陈艺萍　著

中国财经出版传媒集团

经济科学出版社

Economic Science Press

图书在版编目（CIP）数据

中国上市公司债务保守研究/陈艺萍著．—北京：
经济科学出版社，2017.6
（中青年经济学家文库）
ISBN 978 - 7 - 5141 - 8187 - 6

Ⅰ.①中… Ⅱ.①陈… Ⅲ.①上市公司 - 债务
管理 - 研究 - 中国 Ⅳ.①F279.246

中国版本图书馆 CIP 数据核字（2017）第 159190 号

责任编辑：李　雪　张庆杰
责任校对：徐领柱
版式设计：齐　杰
责任印制：邱　天

中国上市公司债务保守研究

陈艺萍　著
经济科学出版社出版、发行　新华书店经销
社址：北京市海淀区阜成路甲 28 号　邮编：100142
总编部电话：010 - 88191217　发行部电话：010 - 88191522
网址：www. esp. com. cn
电子邮件：esp@ esp. com. cn
天猫网店：经济科学出版社旗舰店
网址：http://jjkxcbs. tmall. com
北京密兴印刷有限公司印装
710 × 1000　16 开　12 印张　220000 字
2017 年 6 月第 1 版　2017 年 6 月第 1 次印刷
ISBN 978 - 7 - 5141 - 8187 - 6　定价：39.00 元
（图书出现印装问题，本社负责调换。电话：010 - 88191510）
（版权所有　侵权必究　举报电话：010 - 88191586
电子邮箱：dbts@ esp. com. cn）

目　　录

第1章

绪　　论

自古至今，任何一家企业的发展都离不开对人和物的合理调度和运用。一家成功的公司，对外要有良好的市场运营和合作伙伴，对内要有优秀的员工、高效的管理团队和合理的资金配置。前者，表现为企业的营销管理、关系管理，后者体现为内部的人力资源管理与财务管理。然而，不管是企业的外部战略部署与营销管理，还是内部的人力资源管理与资金配置，一切都离不开对"钱"的管理和运用。也就是说，公司财务管理的好坏与企业运营成功与否休戚相关。

财务管理包括公司融资、投资、营运资本管理和利润的分配。公司的融资策略以及对不同融资工具的选择，作为公司财务管理的核心内容之一，一直以来都是金融经济学家和研究者们研究的热点，在现代公司金融诞生半个多世纪的研究中占据着重要的一席之地。众所周知，公司在生产经营过程中，一方面需要为投资机器设备、厂房土地等固定资产准备资金，另一方面也需要为日常运营采购原材料等计划营运资本。由于资金运用多少、期限的差异，财务管理人员需要合理配置资金来源，以便在恰当的时候获得适用资金，并尽可能降低资金成本，减少资金来源与使用期限不匹配造成的浪费，甚至是财务困境。也就是说，公司对不同来源资金的组合配置使得公司的资本成本和财务风险截然不同，公司财务杠杆使用的合理与否直接关系着公司经营业绩的好坏，进而导致各方利益相关者的资源与收益的重新配置与分配，最终影响公司的价值。

财务杠杆，或者说筹资杠杆、融资杠杆，是指公司在资本结构决策时对债务融资的使用。但是，公司的资本结构选择与决策不仅受其自身内部特征，如规模、信用等因素的影响，而且与国家的经济制度环境、区域或行业特点有关。例如，中国的上市公司虽然都处在同一国家制度环境中，但是它们的资本结构却存在着显著的差异，有些公司的债务资产很高，有些公司的资产负债率非常低，甚至有一些公司不使用任何借款，采用零杠杆这种极端的融资策略。那么，这些债务保守公司具有怎样的特征呢？是什么原因导致这些公司采用债务保守融资策略呢？研究这些问题对于了解中国公司融资行为，提高中国资本市场资金配置效率具有指导作用，对政府相关政策、制度的制定与实施也具有重要意义。

1. 1

选题背景与问题的提出

1958 年，莫迪格利安尼和米勒（Modigliani & Miller）① 在《美国经济评论》上发表"资本成本、公司金融和投资理论"一文之后，开创了现代公司金融研究的先河。其后，在放松 MM 定理假设的基础上逐渐形成了现代资本结构权衡理论、代理成本理论等经典理论。

现代资本结构一些经典理论指出，相比权益融资，债务资金具有杠杆效应和税盾效应。一方面，债务的利息可以在公司所得税前扣除，能够为公司带来税收抵免收益；另一方面，当公司的投资收益高于债务的成本时，债务能够降低公司的资本成本，为股东带来额外的收益。公司在经营过程中应该适度负债，适当的负债能够增加公司价值，为股东带来收益。例如，资本结构权衡理论认为，当公司负债带来的边际税收收益等于公司因负债而增加的陷入财务困境的边际成本时，公司达到最优负债值，此时公司的权益负债比就是公司的最优资本结构。资本结构代理成本理论指出，公司所有权与经营权的分离使得公司经理成为公司经营的领导者，经理人出于自利的思想，当公司有多余的现金流时可能做出有利于自身利益、损害股东利益的行为。债务的还款和利息的支付能够减少经理人可以自由支配的现金流，公司负债能够降低经理人的代理成本，减少股东价值

---

① Modigliani, F., Miller M. H. The cost of capital, corporation finance and the theory of investment. American Economic Review, 1958 (58)：261 – 297.

的损失。①② 因此，依据现有资本结构理论的观点：公司为了实现股东财务最大化，通常会选择适度负债，直到负债值达到最优资本结构所允许的最大值。同时，在一定的时期内，公司不会频繁调整资本结构，它们的杠杆相对稳健。

但是，在对中国上市公司财务报表研究过程中我们发现，上市公司的一些公司对债务的使用非常保守，甚至有些公司一点都不采用债务融资，他们的资产负债表中没有一点借款。例如，贵州茅台酒股份有限公司（贵州茅台，600519），这家公司自从 2001 年上市到 2013 年，连续13 年没有使用任何有息借款，其资本结构远低于行业的平均水平，公司表现出低负债、高资产净利率的现象。与之相似，1994 年上市的山西杏花村汾酒厂股份有限公司（山西汾酒，600809）、1998 年上市的四川宜宾五粮液股份有限公司（五粮液，000858）等公司在上市后也曾经连续多年不使用有息债务融资，表现为零有息负债、高盈利、高市场收益的状况。

事实上，这种零借款的资本结构现象不仅存在于酒类上市公司中，其他行业的中国上市公司同样存在这样的公司。如：长城开发（000021）、深圳华强（000062）、佛山照明（000541）、同达创业（600647）和浪莎袜业（600137）等，它们三大财务报表之一——资产负债表右侧的负债项中连续多年没有任何有息借款，公司既无长期负债融资，也不使用短期借款等短期负债，公司表现为债务保守的融资策略。然而，这些公司在资本市场上的市场业绩表现却很不错，甚至非常好（表 1 - 1）。

中国上市公司中类似"贵州茅台""深圳华强"这种零负债融资的公司不是个例，也不是一种孤立的现象。根据 2012 年末公司年报统计结果表明，2012 年 A 股主板上市公司中有 148 家公司没有使用任何有息借款，占到了当年上市公司的 11% 多。

① Berle, Adolf, Gardiner Means. The modern corporate and private property. New York, MacMillan, 1932.

② Jensen, Michael C., Meckling, William H. Theory of firm: Managerial behavior, agency costs and ownership in structure. Journal of Financial Economics, 1976 (3): 305 - 360.

表 1 - 1   部分债务保守公司业绩

上市公司	杠杆	营业毛利率	托宾Q	股票收益率	同期指数回报率
贵州茅台	0	0.8536	3.8790	0.9348	
山西汾酒	0	0.7396	1.8783	0.3881	
城投控股	0	0.4082	1.5527	0.1714	0.095
长园集团	0	0.4047	1.6758	0.2300	
强生控股	0	0.3121	1.5978	0.1426	

现有资本结构权衡理论、代理成本理论、优序融资理论等都无法解释公司这种奇特的融资结构。1977 年，美国经济学家、诺贝经济学奖获得者米勒在论证市场均衡状态下，公司负债与税收收益、公司价值与资本结构之间关系时就已经指出，虽然，公司通过权衡债务的税收收益和与其相关的财务困境与破产成本确定债务融资的多少，但是有些公司存在采用债务保守或低杠杆策略的现象：

"……任何公司都不存在最优负债率，像 IBM 或者柯达（Kodak）等公司，它们甚至采取无杠杆或低杠杆战略……"[①]

2000 年，格拉哈姆（Graham）[②] 在"债务的税收收益有多大？"一文中再次指出，虽然公司的财务决策者（CFO）强调最优债务权益比，但是，"自相矛盾的是，大的、流动性好、盈利的公司虽然预期财务困境成本低，它们仍然采用保守的债务策略"，这些公司的负债很少，它们的杠杆值低于公司能够使用债务利息抵税的负债值。也就是说公司没有充分利用债务的税收收益效应。"更多反面证据是公司盈利与资本结构之间的反向关系……高盈利的公司需要更多的债务以获得债务的税收收益，它们应该有更高的目标债务值，但是这些公司选择低杠杆作为自己的资本结构策略，他们的资本结构值达不到经典资本结构理论预测的最优杠杆所需的债务值"。格拉哈姆将这种现象称之为资本结构"低杠

---

① Miller, Merton. Debt and taxes. The Journal of Finance, 1977 (2): 261 - 275.

② Graham, J. How big are the tax benefits of debt. The Journal of Finance, 2000 (55): 1901 - 1941.

杆之谜"，呼吁金融经济研究者们应该更关注公司债务保守这一现象，加强研究。

如何解释公司放弃债务的税收收益、不使用债务融资的现象呢？近年来，公司债务保守现象已经引起了学者们的注意。目前，虽然有一些学者对公司债务保守现象产生的原因进行了探讨，但他们的研究都是基于发达资本主义国家公司样本进行的，对中国上市公司为什么使用保守的债务融资、债务保守公司的特征及其业绩表现等的研究尚显欠缺。那么，导致发达国家公司债务保守的因素能否解释中国公司债务保守现象呢？处于社会经济转型阶段、基于中国文化社会制度背景的中国债务保守公司是否与发达国家公司具有相似的特征？

1984 年，梅耶斯（Myers）[1] 发表的资本结构研究经典文章"资本结构之谜"开篇中曾讲："我仍然要问的是：公司如何选择它们的资本结构呢？"

今天，仍需对这一问题进行回答。

1.2
研究思路与方法

1.2.1 研究思路

基于现代资本结构理论，本书研究中国上市公司债务保守现象及其产生的原因（图 1 -1）。在探讨公司债务保守特征及成因之前，首先对中国的社会经济制度背景和公司的融资环境进行分析，明确公司不同时期不同融资结构形成的外部条件。同时，证明中国上市公司确实存在债务保守现象，并且这一行为不是简单独立的，而是具有时间、空间上的延续性，说明研究这一问题的必要性。

① Myers, Stephen A. The capital structure puzzle. The Journal of Finance, 1984, 39 (3): 575 - 592.

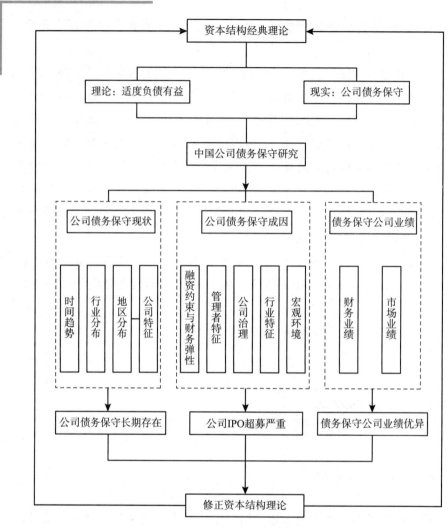

图 1-1 本书的逻辑结构

　　既然中国上市公司中存在债务保守，那么这些公司具有怎样的治理结构和特征呢？分析债务保守公司特征，进一步了解和认识公司债务保守现象的特殊性；将这些公司与匹配的杠杆公司特征进行比较，说明公司债务保守是资本结构的一种"异象"，提出本书研究的思考：建立在诸多假设和发达资本市场条件下的资本结构理论在中国的适用性。

　　在上述研究的基础上，对已有的公司债务保守融资约束、财务弹性等假说进行检验，基于地区制度环境、资本市场融资环境和公司治理等中国特有因素方面多角度、多层次、全方位研究中国上市公司债务保守原因，研究债务保守公司的财务与市场业绩，并就此提出理论与政策建议。

1.2.2 研究方法

本书以现代公司金融理论、制度经济学和企业管理理论为依托，结合心理学等学科知识，综合运用多种分析方法，对中国上市公司债务保守进行了全面细致的分析。

采用定性分析的方法描述了中国公司的融资环境与制度背景，说明中国资本市场发展、地区制度环境差异、行业内竞争程度对上市公司债务融资决策的影响。

采用描述统计的方法对中国上市公司中债务保守公司数量的时间趋势变化、行业与地区分布、债务保守公司特征和公司治理特征进行详细梳理、描述，指出中国上市公司中一些公司资本结构存在与资本结构经典理论相悖的现象——债务保守现象，并且这一现象随着时间的推移在逐渐增加。

采用均值 T 检验等对比分析的方法研究了债务保守公司与杠杆公司规模、年龄、业绩等特征差异，用逻辑（logistic）回归分析证明公司治理是影响公司债务保守选择的重要因素。

1.3

研 究 内 容

根据以上研究思路与逻辑结构，本书共包含 7 章，各章研究内容如下。

第 1 章是绪论。在提出研究问题的前提下，通过论述研究背景，阐明本研究的意义、研究的技术路线和研究内容，并对本书关键术语进行了界定。

第 2 章分析中国社会经济制度背景和上市公司融资环境，为研究上市公司债务保守奠定基础。

第3章是本书的相关文献综述。主要包括：其一，公司融资理论基础。重点介绍了经典的MM定理、资本结构权衡理论、代理成本理论、信号传递理论、优序融资理论、产业组织理论与市场时机理论主要观点。同时，也对影响公司资本结构决策因素的实证研究进行综述，为分析中国上市公司债务保守提供理论和事实依据。其二，公司债务保守研究文献综述。对国内外相关公司债务保守的理论与实证研究进行回顾，分析现有文献的研究内容与研究特点，为本书的研究提供事实依据。其三，对现有文献述评的基础上指出存在的问题与不足，为本书的研究确定方向与目标。

第4章对中国上市公司债务保守现状进行分析。通过对中国债务保守上市公司时间、行业、区域等不同层面分布的详细的剖析，证明中国上市公司确实存在债务保守这种资本结构"异象"，并描述分析了公司债务保守的特征，为进一步深入研究中国上市公司债务保守奠定基础，用事实说明本研究的必要性。

第5章建立匹配样本，详细对比分析了债务保守公司与杠杆公司特征差异，检验已有公司债务保守的假说，研究中国公司治理、制度环境等中国特定因素对公司债务融资的影响。同时，对公司按照实际控股人性质进行分类，验证控制权差异、股利支付对公司债务保守的资本结构决策的影响。

第6章构建债务保守公司与对照杠杆公司投资组合，研究分析债务保守公司的财务业绩与市场业绩。

第7章结论和展望。在实证分析的基础上，归纳本书的主要研究结论，提炼创新点，并根据研究发现提出政策建议，最后指出了本研究的局限性，对未来的研究进行展望。

1.4

主要创新点

公司债务保守，尤其是公司不使用债务融资，采用债务保守的资本结构策略在世界各国上市公司中呈现越来越多的态势，这一领域逐渐成为学者关注、研究的新热点。中国也存在这种现象，与世界其他国家一样，表现为越来越多的公司不使用债务融资。但是目前关于新兴市场国家——中国公司债务保守现象及其成因的研究尚显欠缺，本书正是以公司债务保守这一事实为研究主题，探寻中国公司债务保守特征及其成因、业绩表现。

与已有资本结构定义不同，本书重新定义公司杠杆，强调有息负债融资对公司资本结构和公司业绩的影响。本书的创新在于：

（1）在重新界定公司债务保守内涵的基础上，基于中国资本市场，验证了公司债务保守长期存在，并且表现出地区和行业的差异。

（2）对公司债务保守的成因进行了全面的分析，发现发达国家公司债务保守的原因对中国公司债务保守仍然具有一定的解释力，公司股权高度集中和 IPO 超募对中国上市公司债务保守具有重要影响，指出资本结构理论在面对不同国家制度背景，尤其是中国转型经济社会时，需要进行修正。

（3）通过构建投资组合，计算组合的超额收益，对债务保守公司与杠杆公司组合业绩进行了对比分析，发现债务保守公司的业绩优于杠杆公司，债务保守并没有影响公司业绩表现。

第2章

制度背景分析

　　自 1949 年以来，中国经历了与发达资本主义国家不同的经济发展历程，渐进式的经济体制改革使得中国公司面对的融资环境完全不同于其他国家，尤其是发达国家。即使是 20 世纪 80 年代中国实行改革开放以来，中国经济从计划经济体制向市场经济体制转换的过程中，许多地方的政府在经济发展过程中仍然处于主导性的地位，不同省市地区的经济发展、制度建设存在显著差异。

　　现代公司是建立在一系列契约基础上的微观经济体，是各种要素投入者为了实现自身利益而联合建立的具有法人身份的契约集合体，市场交易费用的存在使得公司在决策时要考虑各种内外部因素的影响。[①] 在不同的制度环境中，公司契约各方获得的权益和保障存在显著的差异，从而导致各经济主体做出不同的决策。拉·波尔塔等（La Porta et al.，1997）[②] 已经研究发现，不同国家资本市场发展程度的差异、投资者保护等法律环境的不同导致各国公司的外部融资存在显著差别，公司的融资行为与其所处的外部宏观经济环境和制度环境关系密切。布斯等（Booth et al.，2001）[③] 研究表明发展中国家公司的资本结构明显存在差异。那么，作为现代中国经济的主体，公司对融资工具和资本结构的选择实质上体现了公司内部要素之间费用差异的比较、公司与不同资本要素持有者之间契约关系

---

　　① 张维迎. 企业理论与中国企业改革. 北京：北京大学出版社，1999.

　　② La Porta, Raafel., Lo Pez-de – Silnaes, Florencio., Shleief, Andreri., Vishyn, Robert W. Legal determinants of external finance. The Journal of Finance，1997（52）：1131 –1150.

　　③ Booth, L., Aivazian, V., Demirguc, Kunt A. et al. Capital structures in developing countries. The Journal of Finance. 2001，56（1）：87 –130.

的制度安排。因此，公司的融资行为必然受到经济政策与政府行为的影响。要研究中国公司债务保守本质，必须了解中国社会制度背景和公司融资环境。

2.1

地区制度环境差异

制度经济学指出，国家经济发展速度、程度的不同体现了各国制度的差异。中国地域的广阔以及建国以来国家在经济发展过程中实行的地区差异化发展政策使得不同地区、不同省市之间的经济发展和制度建设都有很大区别，各地市场化进程的差异使得公司融资面对的制度环境存在较大差异。

1949 年新中国建立时，经年战争使得中国经济发展滞后，工业生产处于瘫痪甚至空白的状态。当时，为了建立我们自己的工业体系，我国实行了农村支援城市的建设政策，导致中国工业生产集中于大城市，农村以农耕为主。1978 年改革开放之后，中国实行市场经济，市场化的进程不断加快，中央政府在推进社会、经济体制市场化改革过程中政策性的倾斜使得东、中、西部各省市、地区之间经济发展差异进一步加大，不同区域企业面对的制度环境存在很大不同。

2002 年，瑞士国际管理发展学院发布的"世界竞争力评分"以美国 100 分计算，认为中国竞争力是 52 分；美国传统基金会 2003 年"经济自由度评级"将中国经济自由度排在世界的 127 位（共 156 个国家和地区）。虽然这两种评级都与中国市场化进程有关，但它们中包含一些与中国事实不符的主观评价。对于中国各地市场化进程的描述，学界的观点并不一致。国家计委下属的市场与价格研究所组织课题组，采用政府对产品和生产要素的价格控制、数量干预程度等指标加权计算出各地区产品和要素市场化程度。他们指出，截止到 1994 年中国经济市场化程度已达到 65% 水平。另外，卢中原和胡鞍钢基于投资、生产、价格与商业四个维度的评价，认为 1992 年中国市场化进程已经达到 63%。

　　樊纲等①在上述研究的基础上提出包括非国有经济的发展、政府与市场的关系、产品市场的发育程度、要素市场的发育程度、市场中介组织发育和法律制度环境5个方面，包含25个基础指标的中国市场化进程的度量指标体系，对中国各省、市、自治区历年来市场化相对进程进行计算比较（表2-1）。

表2-1　　　　　　　　　　1997～2009年各省区市市场化进程指数

地区	1997年	1998年	1999年	2000年	2001年	2002年	2003年	2004年	2005年	2006年	2007年	2008年	2009年	均值
北京	5.15	4.89	3.95	4.64	6.17	6.92	7.50	8.19	8.48	9.96	9.55	9.58	9.87	7.30
天津	4.53	4.92	4.71	5.36	6.59	6.73	7.03	7.86	8.41	9.18	9.76	9.19	9.43	7.21
河北	4.98	5.21	4.66	4.81	4.93	5.29	5.59	6.05	6.61	6.93	7.11	7.16	7.27	5.89
山西	3.34	3.61	3.32	3.39	3.40	3.93	4.63	5.13	5.28	5.84	6.23	6.18	6.11	4.65
内蒙古	2.55	2.93	3.41	3.59	3.53	4.00	4.39	5.12	5.74	6.28	6.40	6.15	6.27	4.64
辽宁	4.58	4.64	4.47	4.76	5.47	6.06	6.61	7.36	7.92	8.18	8.66	8.31	8.76	6.60
吉林	3.51	3.57	3.97	3.96	4.00	4.58	4.69	5.49	6.06	6.44	6.93	6.99	7.09	5.18
黑龙江	2.73	3.31	3.57	3.70	3.73	4.09	4.45	5.05	5.69	5.93	6.27	6.07	6.11	4.67
上海	5.00	5.04	4.70	5.75	7.62	8.34	9.35	9.81	10.25	10.79	11.71	10.42	10.96	8.44
江苏	5.25	5.38	5.73	6.08	6.83	7.40	7.97	8.63	9.35	9.80	10.55	10.58	11.54	8.08
浙江	6.17	6.41	5.87	6.57	7.64	8.37	9.10	9.77	10.22	10.80	11.39	11.16	11.80	8.87
安徽	4.42	4.39	4.67	4.70	4.75	4.95	5.37	5.99	6.84	7.29	7.73	7.64	7.88	5.89
福建	5.43	5.70	5.79	6.53	7.39	7.63	7.97	8.33	8.94	9.17	9.45	8.78	9.02	7.70
江西	3.93	4.41	3.90	4.04	4.00	4.63	5.06	5.76	6.45	6.77	7.29	7.48	7.65	5.49
山东	4.80	5.19	5.15	5.30	5.66	6.23	6.81	7.52	8.44	8.42	8.81	8.77	8.93	6.93
河南	4.82	5.09	4.05	4.24	4.14	4.30	4.89	5.64	6.73	7.07	7.42	7.78	8.04	5.71
湖北	4.24	4.69	4.01	3.99	4.25	4.65	5.47	6.11	6.86	7.12	7.40	7.33	7.65	5.67
湖南	4.73	5.09	3.98	3.86	3.94	4.41	5.03	6.11	6.75	6.98	7.19	7.18	7.39	5.59
广东	6.29	6.47	5.96	7.23	8.18	8.63	8.99	9.36	10.18	10.55	11.04	10.25	10.42	8.73

---

①　樊纲，王小鲁，张立文．中国各地区市场化进程报告．中国市场，2001（6）：58-61.

续表

地区	1997年	1998年	1999年	2000年	2001年	2002年	2003年	2004年	2005年	2006年	2007年	2008年	2009年	均值
广西	4.22	4.29	4.39	4.29	3.93	4.75	5.00	5.42	6.04	6.12	6.37	6.20	6.17	5.17
海南	4.60	4.51	4.70	4.75	5.66	5.09	5.03	5.41	5.63	6.35	6.88	6.44	6.40	5.50
重庆	4.28	4.39	4.57	4.59	5.20	5.71	6.47	7.20	7.35	8.09	8.10	7.87	8.14	6.30
四川	4.24	4.37	4.07	4.41	5.00	5.35	5.85	6.38	7.04	7.26	7.66	7.23	7.56	5.88
贵州	2.89	3.20	3.29	3.31	2.95	3.04	3.67	4.17	4.80	5.22	5.57	5.56	5.56	4.09
云南	2.70	2.89	3.47	4.08	3.82	3.80	4.23	4.81	5.27	5.72	6.15	6.04	6.06	4.54
西藏	—	—	—	0.00	0.33	0.63	0.79	1.55	2.64	2.89	4.25	1.36	0.38	1.48
陕西	3.03	3.45	2.94	3.41	3.37	3.90	4.11	4.46	4.81	5.11	5.36	5.66	5.65	4.25
甘肃	3.01	3.36	3.61	3.31	3.04	3.05	3.32	3.95	4.62	4.95	5.31	4.88	4.98	3.95
青海	1.29	1.49	2.15	2.49	2.37	2.45	2.60	3.10	3.86	4.24	4.64	3.45	3.25	2.88
宁夏	1.69	2.01	2.86	2.82	2.70	3.24	4.24	4.56	5.01	5.24	5.85	5.78	5.94	4.00
新疆	1.77	2.00	1.72	2.67	3.18	3.41	4.26	4.76	5.23	5.19	5.36	5.23	5.12	3.84

注：数据来源于樊纲、王小鲁、朱恒鹏编著的《中国市场化指数——各地区市场化相对进程2011 年报告》。

　　樊纲等的市场化指数是从 0 到 10 计数的，数值越大表明该项指标对应的制度社会化因素发展越好。总体看来，地区市场化进程与其经济发展程度和所处地域有关。浙江、福建、广东、上海和江苏等沿海省市的市场化进程发展较快，西藏、青海、新疆、甘肃等经济欠发达地区市场化进程很低。同样，非国有经济的发展、政府与市场的关系、产品市场的发育程度、要素市场的发育程度、市场中介组织发育和法律制度环境五个指数在各省市、地区也存在显著差异，尤其是东部地区与中西部地区的差异较大。东部地区利用政策优惠、信息畅通、交通便利等条件迅速发展起来，这些地区在市场化改革和制度创新中占据先发优势。相比其他区域，东部地区的省市通过自我不断强化和完善经济发展和市场化进程、制度建设处于领先地位。这种地区经济、制度环境的差异必然影响公司融资决策行为。

2.2

公司融资环境分析

现代公司运营过程中的资金一部分来源于自身经营积累的资金，另一部分来源于外部融资，即通过股票市场和债券市场等资本市场进行直接融资；或者通过商业银行等金融中介机构获得间接融资额。但是，1949年中华人民共和国建立以来，社会生产方式和经济发展模式经历了几次大的调整和改变，中国公司的外部融资环境也经历了三个阶段与模式的改变。

第一阶段是建国至改革开放前的1978年。在经过1949～1952年国民经济恢复时期和1953～1956年对农业、手工业和资本主义工商业的社会主义改造之后，生产资料由私有制转化为社会主义公有制，开始了中央集权的计划经济体制时代。这一阶段，不允许私有经济的存在，国营公司的生产销售完全由国家宏观经济规划和相关部门决定，企业的资金来源主要是依靠各级政府的财政拨款。也就是说，国有企业实行的是统一采购、统一销售、统一支配的财务管理制度。这种模式下企业的资金筹集和使用通过财政单一的渠道实现，政府事实上成为企业的融资中介，企业的固定资产投资来源于财政拨款，定额内的流动资金由财政拨付，企业只会偶尔使用银行贷款满足季节性的临时流动资金需求。在这种制度安排下，财政既负责企业的资金供给，又审批企业的生产计划和资金决算，政府的计划主导作用使得企业仅仅是生产经营单位，而不是独立的经济实体，政府对企业的经营活动承担无限责任。同时，企业经理等管理人员的选拔不是市场行为，全部是由政府相关部门进行任命，企业是政府的附属机构或延伸单位，它们不需要面对市场竞争，也缺乏参与竞争的自主权和激励约束机制。

第二阶段是1979～1990年。1978年中国经济社会的改革开放带来了经济的快速发展，但是多年积累下来的国民经济比例的失衡不可能在一年内得到改善，基本建设规模的居高不下和行政管理费的增加使得国家财政负担加重，甚至超过了财政的负担能力。为了缓解这一矛盾，1979年8

月国家出台了"拨改贷"的政策措施，试行将基本建设投资的国家财政拨款改为银行贷款，由当时的中国人民建设银行办理。1983 年，国营企业的新增固定资产投资资金来源也由国家财政拨款改变为企业从银行贷款，而企业的流动资金不再由财政统收统支，而改由银行提供。

相比以前的国家财政统收统支，国营企业固定资产投资等全部由国家财政拨款的模式，现在企业通过银行贷款获得发展资金的融资方式使得它们获得了更多资金配置的自由。但是，由于银行的贷款资金主要来源于居民存款，居民储蓄利息的刚性支付使得企业的融资成本从过去拨款时的隐性成本转换为显性成本，所以企业对成本管理更为重视，而企业所有权与经营权的逐步分离也更有利于企业改进治理结构、提高运营效率。

但是这一阶段的拨改贷制度的实施并没有触及企业产权改革的核心，它更多体现为一种异化的财政拨款。当时，国营企业在国民经济中仍然占据绝对的主体地位，私有经济刚刚萌芽及其发展的不规范使得银行将贷款更多给了国营企业，私有和民营企业很难获得银行资金的支持。另外，那时没有股票、债券等企业直接融资的资本市场，企业的外源性资金来源主要依赖银行贷款。这种单一的外部融资渠道与低效的内源融资能力导致企业债务水平很高，公司的杠杆处于较高水平，沉重的利息支付和还款压力使得当时的公司净利润很低，严重困扰着国营企业的发展。

第三阶段是从 1990 年中国资本市场的正式建立至今。事实上，1983 年深圳宝安县联合投资公司公开社会招股募集资金标志着中国企业股份制改造的开始，1986 年之后随着国家相关政策的进一步放开，越来越多的企业（包括某些大型国营企业）进入到股份制改造行列，公司资金来源的需求日益多样化，股票的初级形式逐渐诞生，证券流通的需求日益增强。1990 年 12 月 19 日第一个证券交易所在上海宣告正式成立，不久后的 1991 年 1 月 29 日深圳证券交易所也正式挂牌成立，这标志着我国多层次资本市场的第一个层级——主板股票市场正式成立。其后，1997 年银行间债券市场的建立和交易所债券交易的逐渐增加，2004 年股票市场中小企业板的创立，2006 年非上市公司股份报价转让的试点，2009 年创业板的正式启动，标志着多层次资本市场体系架构基本确立，中国公司进入了股权、债券、银行贷款和自有资金的多种资金来源的融资时代。

2.2.1 资本市场直接融资分析

资本市场也叫"长期金融市场"或"长期资金市场",是指期限在一年以上各种资金借贷和证券交易的场所。资本市场接受消费剩余的金融资本(投资),将金融资本转化为实际资本。资本市场通过建立市场价格来达到供给和需求之间的平衡,将资本引导到最可能有效的投资上,以增加国民经济的财富。因此,资本市场应该涵盖证券市场、银行市场和保险市场中所有涉及长期资金融通的市场。

但是,在中国,资本市场实际上有着特定的含义。2004年1月31日,中国国务院发布《关于推进资本市场改革开放和稳定发展的若干意见》指出,"我国资本市场是伴随着经济体制改革的进程逐步发展起来的""完善证券发行上市核准制度,重视资本市场的投资回报,鼓励合规资金入市,继续大力发展证券投资基金,拓宽证券公司融资渠道,继续支持符合条件的证券公司公开发行股票或发行债券筹集长期资金,积极稳妥解决股权分置问题,规范上市公司非流通股份的转让行为,防止国有资产流失,完善资本市场税收政策""建立多层次股票市场体系,积极稳妥发展债券市场,稳步发展期货市场,建立以市场为主导的品种创新机制,研究开发与股票和债券相关的新品种及其衍生产品",完全将我国资本市场体系的建立等同于证券市场体系的建立。因此,我国政府重要文件的口径和实务界人士的普遍将中国资本市场界定为以证券市场为主体的市场。[①]

2.2.1.1 股票市场

股票市场是公司股票发行和交易的场所。股份公司通过在市场上向社会公众发行股票,迅速筹集大量的资金,实现生产经营的规模化。

1990年12月和1991年1月分别开市运营的上海证券交易所、深圳证券交易所标准着现代中国资本市场的第一个层级主板股票市场正式成立。

---

① 张信东,史金凤.中国资本市场效率研究.北京:科学出版社,2013:3.

1992 年，邓小平视察南方时关于证券市场的讲话推动中国资本市场发展迈出关键性的步伐。到了 1993 年，股票发行试点正式由上海、深圳推广至全国，掀开了我国股票市场发展的新一页。1997 年，资本市场进一步对外开放，推出了人民币特种股票（B 股），境内企业逐渐开始在中国香港、纽约、伦敦和新加坡等海外市场上市。2004 年中小板市场的推出和代办股份转让系统的出现，是中国在建设多层次资本市场体系方面迈出的重要一步。2005 年股权分置改革解决了公司非流通股与流通股的差异，对于股票市场的稳定和健康发展意义重大。2009 年 10 月 23 日，中国创业板市场开板意味着中国多层次股权资本市场的初步形成。

在建立完善各层次股票市场的同时，规范证券市场发展的相关规章、制度也在不断完善和建立中。1990 年上海证券交易所建立之后的很长一段时期内，资本市场一直处于一种自我演进、缺乏规范和监管的状态，总是在发生相关事件后才会有相应的监管制度、法规诞生。例如，1992 年 8 月深圳发生"投资者抗议认购证的内部交易和私自截留等舞弊问题"事件之后，1992 年底，国务院发出第一个有关证券市场管理和发展的比较系统的指导性文件：《关于进一步加强证券市场宏观管理的通知》，其内容涉及理顺和完善证券市场管理体制；严格规范证券发行上市程序。1992 年 10 月国务院设立国务院证券委和中国证监会，确立了证券市场统一管理的体制。随后，中国证监会推动了《股票发行与交易管理暂行条例》《公开发行股票公司信息披露实施细则》等一系列证券期货市场法规和规章的建设。1999 年 7 月实施的《证券法》是中国第一部规范证券发行与交易行为的法律，确认了资本市场的法律地位。2005 年，修订后的《证券法》的颁布和实施标志着资本市场走向更高程度的规范发展。

表 2-2 表明，我国股票市场在 1990 年开市之初仅有 10 家公司，到了 2000 年上市公司数量达到 1088 家，增长到 1990 年的 100 多倍，而到了 2012 年末上市公司数量达到 2494 家，比 2000 年又翻了一番。其中，中小板和创业板上市公司数量增加迅速，2004 年中小板上市公司仅有 38 家，而 2012 年底这一数值达到了 701 家，7 年时间，上市公司增加了将近 20 倍。而创业板上市公司数量更是增长快速，从 2009 年开市的 36 家

迅猛增加到 2012 年的 355 家。截至 2014 年底，沪深两市上市公司达到 2613 家，总市值为 3.725 万亿元。

表 2-2　　　　　　　中国股票市场上市公司统计　　　　单位：家

年份	全国合计	上交所	深交所	深交所		
				深主板	中小板	创业板
1990	10	8	2	2		
1991	14	8	6	6		
1992	53	29	24	24		
1993	183	106	77	77		
1994	291	171	120	120		
1995	323	188	135	135		
1996	530	293	237	237		
1997	745	383	362	362		
1998	851	438	413	413		
1999	949	484	465	465		
2000	1088	572	516	516		
2001	1160	646	514	514		
2002	1224	715	509	509		
2003	1287	780	507	507		
2004	1377	837	540	502	38	
2005	1381	834	547	497	50	
2006	1434	842	592	490	102	
2007	1550	860	690	488	202	
2008	1625	864	761	488	273	
2009	1718	870	848	485	327	36
2010	2063	894	1169	485	531	153
2011	2342	931	1411	484	646	281
2012	2494	954	1540	472	701	355

注：数据根据《中国统计年鉴 2015》《深圳证券交易所统计年鉴 2010》和《深圳证券交易所统计年鉴 2015》整理。

随着中国股票市场的发展，除了在股票市场首次发行股票（Initial Public Offering，IPO）之外，上市公司还可以通过增发股票（Secondary Public Offering，SEO）、配股（share placing）等方式进行股权再融资。但是，由于中国股票市场发展时间较短，"新兴"和"转轨"的特征非常明显。

中国公司股票发行实行的是严格审核和核准制度，并需要保荐人推荐。中国《证券法》第 22 条、23 条规定："国务院证券监督管理机构设发行审核委员会，依法审核股票发行申请""国务院证券监督管理机构依照法定条件负责核准股票发行申请"。第 11 条规定"发行人申请公开发行股票、可转换为股票的公司债券，依法采取承销方式的，或者公开发行法律、行政法规规定实行保荐制度的其他证券的，应当聘请具有保荐资格的机构担任保荐人"。在这种发行制度下，要使用股权融资的公司只有通过发行审核委员会的审核和证监会等机构的核准才能上市。而《上市公司非公开发行股票实施细则》第 20 条重申"中国证监会按照《管理办法》规定的程序审核非公开发行股票申请"。也就是说，上市公司无论是在股票市场上公开发行股票、还是非公开发行过都需要经过证监会的严格审批和核准。这种"审核制"的股票发行制度与发达资本市场公司上市、股票发行的"注册制"有很大差异，公司能否采用股权融资受到中国证监会的实质控制，只有经证监会批准授权的公司才能在股票市场上发行股票。这样，公司为了上市获得股权融资，就会采用整合优质资产到上市公司、粉饰财务报表等手段提升公司质量、以便通过证监会审核，这种结果表现为相比其他公司，中国上市公司都具有一定的竞争优势，基本都是优质公司。

2.2.1.2　债券市场

债券市场作为资本市场重要的组成部分，是各种经济主体与个体发行、买卖债券的场所，它是传导中央银行货币政策的重要载体之一。中国债券市场独特的发展路径造就了中国公司债券融资的特殊性。

1949 年建国之后，中国仅在 1950～1958 年间发行过一些政府建设公债，其后由于国家经济秩序被"大跃进""浮夸风"等打乱国家社会秩序等的变化而终止，直到 1978 年改革开放后经济秩序重启，1981 年我国再次恢复国债发行，1987 年国务院发布的《企业债券管理暂行条例》正式将企业债券发行纳入国家的债券发行计划，1994 年企业债"深盐田"在深圳证券交易所上市标志着企业债在二级交易市场的交易的开始。

　　表 2-3 中国债券市场统计表明，中国债券市场是以国债为主的债券市场。国债从 1990 年的 347 亿元发展到 2012 年接近 1.44 万亿元，20 年间国债规模扩大了 40 多倍。而一般企业债、集合企业债、公司债和可转换债券的发展相对滞后且缓慢，2012 年一般企业债券规模为 6484.5 亿元，公司债仅有 2626.31 亿元，两者之和不足国债的 1/10，规模远远小于国债。截至 2014 年底，在上海、深圳两个债券市场交易的公司债仅有 370 家，远低于股票市场中上市公司数量。在成熟的证券市场中，发行债券是公司外部融资的重要手段，公司资产中的债券融资比例远高于股权融资和银行借款等。1970～1985 年间，在资本市场发展相对完善的美国，股权融资比例也只占全部资金来源的 0.8%。相反，同期美国的债券融资数量几乎是股权融资的十倍。[1] 1984～1990 年间美国大部分公司已经几乎不使用股票融资，它们更多是发行债券来回购公司发行在外的股票。[2] 2001 年，美国证券市场上共有 1592 家上市公司发行过公司债券，实行股权融资的公司仅有 199 家。2001 年底美国公司债券约占到当年 GDP 的 37.87%，银行贷款余额占 GDP 比例为 35.7%，公司债券融资规模超过银行贷款规模。[3] 截至 2005 年末，美国债券市场余额达到 25.331 万亿美元，股票市场市值是 21.22 万亿，债券市场余额是股票市值的 1.2 倍。[4] 因此，中国债券市场，尤其是公司债券市场发展的滞后使得上市公司在需要外部资金时优先选择股权融资，制约了公司对直接债务融资的使用。

---

① 迟福林.国企改革与资本市场.北京：外文出版社，1998：127.
② 方晓霞.中国企业融资.北京：北京大学出版社，1999：26.
③ 杨亦民，刘星.融资结构与企业投资——兼论大股东空载上市公司的经济后果.北京：社会科学出版社，2009：89.
④ 数据来源：www.bondmarkets.com 和 www.nyse.com.

表 2 - 3　　　　　　　　　　　1990 ~ 2012 年中国债券市场统计　　　　　　　单位：亿元

年份	国债	地方政府债	一般企业债	集合企业债	公司债	可转债
1990	347.30					
1991	351.91					
1992	405.86					
1993	527.70					
1994	1137.55		1.00			
1995	1448.71					
1996	2310.13		9.00			
1997	2457.49		29.60			
1998	6368.60		98.04			3.50
1999	4056.03		128.06			15.00
2000	4619.50		85.30			28.50
2001	4683.53		129.00			
2002	5801.40		290.00	35.00		41.50
2003	8042.37		320.00	8.00		185.50
2004	7163.90		272.00			209.03
2005	7042.00		604.00			
2006	8883.30		615.00			18.77
2007	23483.44		1096.30	13.05	112.00	106.48
2008	8558.21		1566.90		288.00	77.20
2009	16229.21	2000.00	3247.18	5.15	734.90	46.61
2010	17778.17	2000.00	2821.20	5.83	511.50	717.30
2011	15397.90	2000.00	2471.30	14.18	1291.20	413.20
2012	14362.26	2500.00	6484.50	14.81	2626.31	163.55

注：根据《中国证券期货统计年鉴 2013》数据整理。

2.2.2　银行间接融资分析

　　公司除了可以通过股票市场进行股权融资、通过在债券市场上发行债券获得资金之外，还可以通过商业银行等金融中介借款获得债务融资。

1978 年改革开放之前，中国只有中国人民银行唯一银行，它包揽了全国的所有货币与金融业务。在国家经济计划制订之后，全国的资金来源和资金运用都由中国人民银行总行统一掌握，人民银行是国家管理经济的重要部门。1979 年实行"拨改贷"之后，我国开始逐步建立适应经济发展的银行体系，原来中国人民银行从事的一些业务分离出来，分别划归中国农业银行、中国建设银行、中国工商银行和中国银行，而中国人民银行专门行使中央银行职能。此后，国家开发银行、中国进出口银行、中国农业发展银行三大政策性银行、数十家全国性股份制商业银行、近百家地方性商业银行的逐步建立标志着我国的银行体系进一步完善，中国已经形成了较为健全的银行机构体系。

世界各国金融发展史表明，当经济发展到一定阶段后，银行借款等间接融资方式在社会经济活动中的作用会越来越弱，直接融资是社会融资的主要手段。但是在中国，由于公司股票、债券等直接融资方式受到诸多条件的限制，银行贷款仍然是社会融资的主要方式。

社会融资规模作为一定时期内金融机构向实体经济（企业和个人）提供的资金总额，全面反映金融对实体经济的支持。

社会融资规模主要包括人民币贷款、外部贷款、委托贷款、信托贷款、未贴现银行承兑汇票、企业债务融资、非金融企业境内股票融资、投资性房地产、保险公司赔偿和其他一些项目。其中，直接反映公司融资的项目是非金融企业境内股票融资和企业债务融资。企业债券融资是指由非金融企业发行的各类债券，包括企业债、中期票据、短期融资券、中小企业集合债、公司债、可转债、可分离债等。非金融企业境内股票融资指在本地注册的非金融企业通过境内正规金融市场进行的股票融资，包括 A 股股票首发、公开增发、现金型定向增发、配股、行权筹资以及 B 股筹资（不含金融企业的相关融资）。表 2 - 4 表明，2002 年以来，社会融资规模呈现几何级的递增态势。整体看来，在中国，虽然资本市场已经建立 30 年，但是人民币贷款仍然呈现出一支独大的情况，远远高于企业债和股权融资提供的资金规模。从图 2 - 1 可知，企业债券融资，2002 年仅占社会融资的1.8%，2011 年上升为 10.6%。非金融企业境内股票融资占比 2002 年为3.1%，2007 年股市处于牛市时达到 7.3%，平均融资占比仅为 3.38%。

在整个实体经济向金融机构的社会融资中，人民币贷款占了绝对优势，虽然从 2002 ~ 2011 年呈现下降趋势，但是平均占比仍然达到 71.96%。

表 2 - 4　　　　　　2002 ~ 2011 年社会融资规模与结构　　　　单位：亿元

年份	社会融资规模	人民币贷款	外币贷款折合人民币	委托贷款	信托贷款	未贴现银行承兑汇票	企业债券	非金融企业境内股票融资
2002	20112	18475	731	175		- 695	367	628
2003	34113	27652	2285	601		2010	499	559
2004	28629	22673	1381	3118		- 290	467	673
2005	30008	23544	1415	1961		24	2010	339
2006	42696	31523	1459	2695	825	1500	2310	1536
2007	59663	36323	3864	3371	1702	6701	2284	4333
2008	69802	49041	1947	4262	3144	1064	5523	3324
2009	139104	95942	9265	6780	4364	4606	12367	3350
2010	140191	79451	4855	8748	3865	23346	11063	5786
2011	128286	74715	5712	12962	2034	10271	13658	4377

注：数据来源于中国人民银行网站。

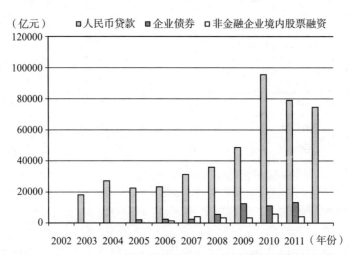

图 2 - 1　2002 ~ 2011 年全社会企业债券融资与股票融资规模

　　表 2 - 5 进一步说明，目前我国经济发展中股票、可转债等直接筹资方式在国内生产总值中的占比很低，2010 年中国境内资本市场上的直接筹资额占 GDP 比例不到 3% ，但是银行贷款增加额占 GDP 的比例接近20% 。

表 2 - 5　　　　　　　1993～2010 年中国境内直接筹资与间接筹资统计

年份	直接筹资额（亿元）	占 GDP 比例（%）	间接筹资额（亿元）	占 GDP 比例（%）
1993	314.54	0.89	6335.40	17.93
1994	138.05	0.29	7216.62	14.97
1995	118.86	0.20	9339.82	15.36
1996	341.52	0.48	10683.33	15.01
1997	933.82	1.18	10712.47	13.56
1998	803.57	0.95	11490.94	13.61
1999	897.39	1.00	10846.36	12.09
2000	1541.02	1.55	13346.61	13.45
2001	1182.13	1.08	12439.41	11.34
2002	779.75	0.65	18979.20	15.77
2003	823.10	0.61	27702.30	20.40
2004	862.67	0.54	19201.60	12.01
2005	338.13	0.18	16492.60	8.92
2006	2463.70	1.14	30594.90	14.14
2007	7722.99	2.91	36405.60	13.70
2008	3534.95	1.13	41703.70	13.28
2009	5051.51	1.48	95940.00	28.14
2010	9587.93	2.39	79510.73	19.80

　　注：数据根据《中国证券期货统计年鉴 2011》《中国统计年鉴 2011》数据整理计算。表中直接筹资为资本市场上股票筹资额、可转债筹资额和股票定向增发融资额；间接筹资额是银行贷款增加额。

　　另外，在中国由于国有银行在我国商业银行体系中处于绝对的领先地位，它们是公司贷款资金供给的主体。这样，当公司由政府主导或者国有产权占据控制权的时候，银行债务融资契约不具有强制约束，国有企业与国有银行之间所有权的一致性使得企业的银行债务融资似乎不是法律意义上真正的债务。[①] 尤其是刚刚实行"拨改贷"的年代，国有企业的管理者只是接受银行借款，并没有将其作为债务，在他们的观念中银行是国家的、企业是国家的，银行借款只不过是将一个人左口袋的钱放到了右口袋；而银行也缺少风险意识，因为资金在国家企业之间流转，并且事实上许多企业贷款的方法都是政府通过行政程序决定，银行没有太多的决策权。[②] 即使在市场经济发展到今天，国有银行商业化的转变使得银行越来越关注资金的安全性，对公司的贷款审核更严格，但是中国上市公司上市之前资产的筛选使得上市公司基本表现为优质企业，相比其他公司，银行更愿意贷款给它们。

2.3

本 章 小 结

相比发达国家上百年的市场经济运行和资本市场的发展，中国的市场经济发展和资本市场建立的时间都较短，只有二三十年。中国公司运行的制度环境和公司的治理机制与发达国家公司所处的环境有显著的差别。

（1）资本市场与人才市场。

相比中国资本市场 30 年的发展历史，发达国家的资本市场发展相对完善，股票、债务等多级市场的运行有效地保证了企业的融资需求。在中国，资本市场发展到目前为止都是跛脚的，变现股票市场的日渐完善和债券市场发展的滞后性，以及投资者非理性导致的投机行为和股价操纵现象较多，市场数据的变化无法传递企业质量信号，也无法有效满足公司的投资需求。

在成熟的市场模式下，西方发达国家形成了比较完善的人才市场，公

---

① 张维迎. 从现代企业理论看国有企业改革. 改革, 1995（3）: 30 – 33.
② 黄速建. 国企国有企业改革和发展: 制度安排与现实选择. 北京: 经济管理出版社, 2014.

司高级管理人员职业声誉、聘用和解聘基本可以通过市场完成，这使得公司的经理人通常在聘期内要努力工作，避免公司股价下跌、被接管或者破产带来的声誉和人力资本损失。但是在中国，如果上市公司的控股股东是国有时，公司高层管理人员的聘任、考核等权利掌握在各级党政部门的手里；当上市公司是家族企业时，公司的高管大多数是由家族成员担任，只有部分企业的高管采用市场聘任的方式。这种党政任免或家族成员担任公司高管的后果必然导致经理人的声誉等与公司经营关系不大，他们在公司决策中的失误不一定受到市场的惩罚。

（2）公司股权结构不同。

发达资本市场上公司的股权结构分布非常分散，公司治理机制相对完善，公司高管团队或者 CEO 具有独立的经营决策权。因此，公司的代理成本主要存在于管理者与股东之间。在中国，由于上市公司既有国有控股，又有非国有（民营、自然人）控股等企业所有制形式，并且许多公司的第一大股东，或者是前几大股东的持股比例非常高，导致上市公司股权较为集中，甚至有绝对的一股独大，因此，公司可能在存在管理者与股东之间的代理冲突的同时还存在大股东与小股东之间的冲突等代理问题。

（3）公司控制权市场不同。

公司金融经典理论指出，投资者在市场上具有用脚投票的权利。如果公司现任的管理层在经营上无效率，公司原有股东或者新的投资者会收购足够股票，以获得公司的控制权，产生新的管理层。虽然近年来美国的法律对公司接管有了更多的法律限制，然而外部监管在公司经营不善时发挥接管功能还是有效的。在中国，公司股份制改造是以上市为目的，并没有形成完善的公司治理机制，绝大多数国有上市公司存在着"一股独大"的现象。这样，当公司现任管理层经营无效时，除非大股东愿意转让股权，否则外部人很难通过收购足够的流通股达到接管公司，公司控制权市场的不完善使得外部治理很难发挥作用。

从以上分析可知，中国与经济发达国家在资本市场、经济制度和社会文化等方面的差异决定了中国公司的特定运营环境，这必然导致公司治理结构、投融资决策和资本配置的动机、行为方式与西方发达国家公司的不同。在研究中国上市公司的金融行为时，可以借鉴西方经典金融理论的有关视角和方法，但照搬这些理论来解释我国上市公司的金融决策行为是不恰当的。因此，解释中国公司的融资决策行为必须考虑中国公司所处的市场和制度环境，以及由此所带来的公司治理等因素的影响。

第3章

理论基础与文献综述

公司负债的多少归根到底就是一家公司资产中债务与权益的比例分配问题。作为公司财务管理的核心内容之一，其依据的理论主要是公司融资理论。

现代公司融资理论诞生于西方发达资本主义国家，主要包括资本结构的权衡理论、代理成本理论、信号理论、产业组织理论和市场时机理论。为了解释中国公司的债务保守问题，本章在回顾现代资本结构理论的前提下，对国内外债务保守的理论与实证文献的观点进行全面阐述，从而为后续的研究打下基础。

3.1

理 论 基 础

公司债务多少在公司财务管理中是指公司资本结构。资本结构有广义和狭义之分。广义资本结构指公司的全部资产构成的比例关系，也就是说不仅包括公司长期资产配置关系，也涵盖了短期资本的构成。狭义的资本结构主要指公司的长期资本结构：长期资本中债务融资与权益资本的比例关系。另外，考虑到现代公司运营中商业信用带来的融资问题，一些学者将公司资本结构继续细化，研究公司主动负担的有息债务融资与股权资本之间的关系。

资本结构理论的研究一直是在提升公司价值最大化、实现股东财富最大化的目标基础上寻找最优的负债权益比，并且探讨内部资金、债务、股票等哪种融资工具和融资方式是公司最适合的。

3.1.1　权衡理论

1958 年，MM 定理的诞生标志着现代公司资本结构理论研究的开始。1963 年莫迪格利安尼和米勒引入公司税，对 1958 年不含税的 MM 定理进行了修改，形成含税的 MM 理论。[①] 1977 年，米勒将研究进一步深入，同时考虑公司所得税和个人所得税的影响，完善了含税的资本结构 MM 理论。[②]

但是，经过发展的 MM 定理是在一系列基于完美资本市场的假设下建立的，它只考虑了公司债务融资所带来的税收抵免，忽略了公司因负债的增加而可能产生的经营风险以及无法偿付债务本金与利息的财务困境成本（图 3 – 1）。

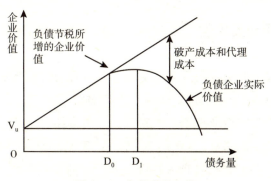

图 3 – 1　负债收益权衡

图 3 – 1 中，债务量达到 D_0 点之前，公司陷入财务困境的成本和债务的代理成本非常小，几乎可以忽略不计。企业因负债的节税效应增加的税盾收益将是企业的市场价值增加。当公司负债水平超过 D_0 点时，由于负债带来的公司陷入财务困境的成本和代理成本开始增加，逐渐抵消公司因负债产生的节税收益。此时，只要债务的节税收益大于因负债增加的各种成本，公司的价值还会增加。当债务量达到 D_1 点，即债务增加节税的边

---

①　Modigliani, Franco., Miller, Merton H. Corporate income taxes and the cost of capital: A correction. American Economic Review, 1963 (53): 433 –443.

②　Miller, M. H. Debt and taxes. The Journal of Finance, 1977 (32): 261 –275.

际收益等于负债增加的边际成本时，公司的价值达到最大值。此后，如果公司继续增加负债，那因负债增加引起的公司陷入财务困境的成本和破产成本、代理成本的增加超过债务的节税收益，公司的价值开始下降。所以，D_1 是公司价值达到最大时的最优债务量。

米勒和斯科勒斯（Miller & Scholes, 1978）[1] 指出相比股利较高的税负，债务的抵税效应使得公司愿意通过增加债务融资提高企业价值。但是，随着公司负债的增加，企业陷入财务困境的可能性也增加，财务困境的高成本可能使得公司在确定资本结构时，必须要权衡负债的节税收益和债务增加带来的财务困境成本、破产成本，公司的最优资本结构是公司负债所引起的企业价值增加等于因负债增加引起的公司风险成本和各项费用时的负债权益比，此时公司价值最大。

3.1.2 代理成本理论

企业所有权与经营权的分离使得股东与管理者之间形成委托—代理关系，不持有或持有较少公司股权的管理者对公司进行管理。[2][3] 1976 年，杰森和麦克林率先将企业理论、产权理论和资本结构理论综合起来研究资本结构对公司价值的影响。在《公司理论：管理者行为、代理成本和资本结构》一文中，他们指出管理者持有公司股权的多少影响他们在公司中的行为与决策，管理者与股东权益的不一致，管理者试图最大化自我效用而不是股东财富的思想产生管理者代理成本，损害股东利益。尤其是当公司存在过高的自由现金流、管理者获得的激励与其承担的风险不相符时，管理者与股东的利益冲突明显，此时管理者增加在职奢侈消费等"非货币收益"，过度投资、建立管理王国等自利行为损害股东权益。[4] 因此，公司

① Miller, M. H., Scholes, M. Dividends and taxes. Journal of Financial Economics, 1978, 6 (4): 333 – 364.

② Berle, A., Means, G. The modern corporation and private property. New York, MacMillan, 1932.

③ Ross, Stephen A. The economic theory of agency: The principal's problem. The American Economic Review, 1973, 63 (2): 134 – 139.

④ Jensen, Michael C. Agent costs of free cash flow, corporate finance, and takeovers. The American Economic Review, 1986, 76 (2): 323 – 329.

适度增加负债、减少管理者可支配的自由现金流可降低管理者的代理成本，缓解管理者与股东之间的利益冲突。基于这些研究形成了资本结构代理理论（图 3-2）。

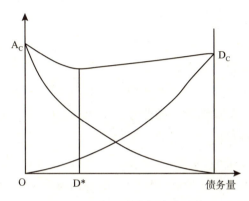

图 3-2　代理成本与资本结构

图 3-2 中，A_C 是管理者代理成本，D_C 是债务增加引致的财务困境成本，随着公司负债率的增加，债务还本付息逐渐增加，管理者可用于自由支配的现金流减少，管理者的代理成本减少，当负债达到一定程度时，管理者的代理成本与债务增加的财务困境成本均衡时，此时就代理成本而言公司资本结构最优。

因此，综合资本结构权衡理论和代理成本理论，当公司因负债增加带来的税收收益增加额和管理者代理成本减少额之和等于负债带来的财务困境和破产成本时，公司杠杆达到最优值，此时的资本结构对公司而言是最适宜的。

3.1.3　信号理论

20 世纪 70 年代美国经济学家罗斯（Ross）[1] 首次将不对称信息理论

---

[1]　Ross，Stephen A. The determination of financial structure：The incentive signaling approach. Bell Journal of Economics，1977（8）：23-40.

系统地引入公司资本结构理论中，提出资本结构信号理论。在假设外部投资者虽然知道公司对经理人的激励制度，但是公司管理者掌握外部投资者所没有的公司未来收益和投资风险的内部信息前提下，他指出外部资本市场中的投资者只能通过公司管理者传递的公司信息间接评价公司价值。其中，公司的资产负债比或负债结构就是把企业内部信息传递给市场的一种信号工具。由于负债的增加会增加公司破产的概率，而公司破产将使公司管理者的人力资本贬值、声誉受到影响，进而影响其未来的职业生涯。所以，经济状况差的公司管理者不会举借较多的外债，公司的资产负债率可以看作评价公司经营业绩的一种信号。公司的债务水平越高表明管理者对公司的经营状况越自信、公司的业绩越好，因为公司能够承担高负债带来的债务成本和破产概率。因袭，外部资本市场上的投资者虽然与公司内部管理者存在信息不对称，但是他们可以通过公司的资产负债水平判断公司经营状况，对公司价值做出正确的定位。所以，经营质量好的公司应该选择高负债以便向投资者传递信息，使得公司区别于其他公司。

3.1.4 优序融资理论

在罗斯（1977）研究基础上，梅耶斯（1984）、梅耶斯和玛吉鲁夫（Myers & Majluf, 1984）[①] 提出了资本结构优序融资理论，又称啄食理论或融资序位理论。优序融资理论指出，由于外部投资者与公司管理者之间的信息不对称，公司选择不同的融资工具会向投资者传递不同的信息，不对称信息将影响公司的融资成本。当公司通过发行股票融资时，会被市场投资者误解为公司经营前景不好，新股发行总会导致公司股价下跌。另外，债券的发行可能会使公司因负债增加陷入财务危机。因此，考虑到以上因素的存在，当存在投资机会时，公司一般会遵循先内源融资、再债务融资、最后权益融资的先后顺序。也就是说，公司融资时遵循优序融资的顺序，首先使用内部资金融资，然后是无风险债券、有风险债券，最后使

---

① Myers, Stewart C., Majluf, N. S. Corporate financing and investment decisions when firms have information that investors do not have. Journal of Financial Economics, 1984 (13): 187−221.

用股票。[1]

优序融资理论解释了经营好的公司采用低债务权益比的融资策略是因为高盈利的公司内部资金供给充裕，而业绩不好的公司只能依靠外部资金作为资金来源。与资本结构权衡理论不同，优序融资理论认为公司不存在最优资本结构，公司现金流、股利政策和投资机会的变化都会影响公司资产负债率。但是，这一理论支持了资本结构信号理论和代理成本理论，指出信息不对称和经理人道德风险的存在使得公司如果过多使用股权融资会加重管理者的在职消费等自利行为，损害股东利益，所有公司应该优先选择内部资金融资，外部融资时则应首先债务融资。

3.1.5　产业组织理论

20 世纪 80 年代，随着产业组织理论的发展，学者们将产业组织研究成果应用于公司金融研究。1984 年，梯特曼（Titman）[2] 在 "资本结构在公司清算中的作用" 一文中、1986 年布兰德和李维斯（Brander & Lewis）[3] 在 "寡占与财务结构：有限责任效应" 一文中分别研究了公司产品与投入品的特征和资产负债率之间的关系、公司资本结构和公司在产品市场上使用的竞争战略之间的关系。他们将资本结构理论与产业组织理论融合，形成了资本结构以产品、要素市场相互作用为基础的资本结构产业组织理论。资本结构产业组织理论认为，公司的资本结构决策是企业基于其产品所处的产业生命周期、市场环境和公司竞争战略等诸多因素进行的综合选择。影响企业资本结构选择的因素不仅包括公司产品在市场上的份额，还包括财务杠杆对企业在产品市场竞争中的投资能力、产品定价行为和业绩的影响。同时，公司所处的行业特性、产品市场的竞争结构也影响公司的

---

① Myers, Stewart C. Still searching for optimal capital structure. Journal of Applied Corporate Finance, 1993 (6): 4 – 14.

② Titman, Sheridan. The effect of capital structure on a firm's liquidation decision. Journal of Financial Economics, 1984 (13): 137 – 151.

③ Brander, James A. Lewis, Tracy R. Oligopoly and financial structure: The limited liability effect. American of Finance Reviews, 1986, 76 (5): 956 – 970.

融资决策。

3.1.6　市场择机理论

20 世纪 80 年代以来，大量金融市场异常现象无法以传统金融学理论来解释，许多学者将不确定性决策过程中的认知偏差与心理学研究范式应用于金融研究，行为金融理论获得了快速发展，并被应用于公司投融资决策的分析中。

股票市场经常错误地估计公司的股票价格，市场时机是现实中影响公司融资决策的重要因素。斯坦（Stein，1996）[①] 首次提出市场时机概念，认为当公司股票价格被市场高估时，理性的管理者会利用股权融资的低成本优势，通过发行更多的股票进行融资；相反，当公司股价被市场低估时，理性的管理者会通过回购被低估的股票来使公司价值最大化。贝克尔和乌格勒（Bake & Wurgler，2002）[②] 研究了股票市场时机对资本结构的影响，提出了资本结构市场时机理论。股票市场时机对公司资本结构决策具有显著而又持久的影响，公司资本结构是管理者过去根据市场时机进行融资活动的累积结果，杠杆增加是公司管理者试图抓住股票市场时机的累积结果。

3.2

债务保守研究综述

公司债务保守在国际研究文献中表述为"Financial Conservatism"，国内用"财务保守"表示，是指公司资本结构决策中对债务的使用少于平均水平。然而公司债务保守时的债务融资量究竟是多少，不同学者有不同的定义。目前，受到广泛认同的是将所有研究样本公司按照资产负债率排

[①]　Stein, Jeremy C. Rational capital budgeting in an irrational world, Journal of Business 1996 (69): 429 – 455.

[②]　Baker, M., Wurgler, J. Market timing and capital structure. The Journal of Finance, 2002, 57 (1): 1 – 32.

序，处于前 20%，即资产负债率处于第一五分位数之下的公司即为债务保守（财务保守）公司。

资本结构经典理论研究指出，公司对债务融资的合理运用能够提升公司价值，增加股东财富。但是，现实经济世界中，有一些公司却很少或者不使用债务融资，放弃财务杠杆。虽然，米勒在 1977 年就已经指出一些公司可能存在债务融资保守行为，采取了低杠杆的融资策略，但是这一问题真正引起学者们兴趣却滞后了将近三十年。2000 年，作为资本结构异象之一的公司"低杠杆之谜"才真正引起学者们的注意。当时，美国杜克大学教授格拉哈姆对美国公司调查后发现，公司债务保守、采用低杠杆的资本结构决策现象是普遍存在的，如何解释这种公司放弃债务利息的税盾效应、采用保守债务融资策略的现象需要引起研究者更多注意，学者们应该对此进行关注。

目前，关于公司债务保守的研究主要是集中于一定理论假设的基础上探讨这些公司的特征及其形成原因。

3.2.1　财务弹性假说

美国财务会计准则委员会（FASB）定义财务弹性为"公司实体在恰当的时机采取有效措施改变持有现金流的数量，从而使公司能够应对未来意料之外资金需求和投资机会的能力"。而格拉哈姆与哈维（Graham & Harvey，2001）[①] 认为财务弹性是"公司为未来扩大规模与盈利保存债务融资能力"或者"使公司债务利息最小化，降低未来遇到经济下滑等情况时缩减公司经营规模的概率"。国内，葛家澍和占美松（2008）[②] 指出，财务弹性就是指当企业面对不确定情况发生时的意外现金需求，及时采取行动改变其现金流入的金额、时间分布，把握有利投资机会的能力。公司财务弹性的大小表现为公司现金持有量与需要支付现金量的比较，当公司

---

① Graham, J. R., C. R. Harvey, The theory and practice of corporate finance: Evidence from the field, Journal of Financial Economics, 2001 (60): 187 - 243.

② 葛家澍，占美松. 企业财务报告分析必须着重关注的几个财务信息——流动性、财务适应性、预期现金净流入、盈利能力和市场风险. 会计研究，2008（5）：3 - 9.

现金流持有量超过现金支付需求时，企业就保有一定的财务弹性，其经济适应性相对较强。因此，简言之，财务弹性是指公司面对未来的不确定性时以较低的资金成本组织金融资源的能力，或者动用持有的现金、保留的融资能力抓住未来有利投资机会的能力。

如果资本市场是完美的，企业可以无成本地调整资本结构以满足未来资金任何可能需求，那么企业具有完全财务弹性。但是，现实经济中不存在完美的资本市场，公司进入资本市场时面临不同程度的市场摩擦，一些公司由于市场摩擦限制而无法进入资本市场，公司可能因资金供给不足而不得不放弃有价值的投资机会。这样，许多公司不得不使用较少的债务融资保留财务弹性，降低未来现金流短缺时资金供给不足风险，为未来的投资机会预留资金来源。

基于静态权衡理论，利瑞和罗伯特（Leary & Robert，2005）① 预测公司平均负债率接近60%，而剧等（Ju et al.，2005）② 基于或有要求权的动态资本结构模型的研究结果则指出公司最小的资产负债率应该是10%。然而实际中许多公司的杠杆远低于模型预测的平均资产负债率，甚至不少公司的杠杆值低于最小值。

明顿和若克（Minton & Wruck，2001）③ 采用 CRSP 和 COMPUSTAT 中1974～1998 年剔除了实际资产低于 10 亿的小公司、金融和公用事业公司之后的美国公司数据，以公司杠杆排序位于五分位数之前的公司作为债务保守公司样本进行研究。他们发现选择债务保守策略公司中的 70% 公司是临时采取这一策略，超过 50% 的公司在五年内放弃低（零）杠杆策略。尽管债务保守的公司大多处于对财务困境敏感的行业中，但是公司债务保守与所在行业无关。通常，债务保守公司遵循优序融资理论，公司的市账比较高，具有更多的成长机会，它们采用保守的债务融资策略是为了保留

① Leary, M., Roberts, M. Do firms rebalance their capital structures? Journal of Finance, 2005 (60): 2575 – 2619.

② Ju, N., R. Parrino, A. M. Poteshman, M., Weisbach, S. Horses and rabbits? trade-off theory and optimal capital structure. Journal of Financial and Quantitative Analysis, 2005 (40): 259 – 281.

③ Minton, B. A., Wruck, K. H. Financial conservatism: Evidence on capital structure from low leverage firms. Working Paper, 2001.

财务弹性以应对未来的内部资金不足、金融收购和资本支出。玛驰卡和穆拉（Marchica & Mura, 2010）[1] 检验公司将债务保守政策作为跨期资本结构选择的问题。他们发现，如果公司在一个较长时期内持续采用债务保守，那么公司有较高的资本支出和异常投资，持续采用债务保守的财务政策是为了企业获得财务弹性，在有投资机会时公司可以通过发行新的债券为项目融资，提高企业的未来投资能力。通过对公司长期业绩检验，他们发现相比行业匹配公司，具有财务灵活性的公司盈利项目更多。

轩尼诗和怀特（Hennessy & Whited, 2005）[2] 在假设资本结构动态调整的框架下，建立包含公司所得税、个人股利所得税和公司财务困境成本等的公司资本结构、实际投资内生选择的动态权衡模型，证明公司为了应对未来大的资本支出或投资机会的资金需求，选择不负债策略。并且，在考虑资本结构调整和逆向选择成本的情况下，公司通过债务保守保持财务弹性。迪安杰洛等（DeAngelo et al., 2011）[3] 用动态资本结构模型表明公司偏离最优资本结构，选择低负债是因为它们将负债看作临时融资的工具，为未来投资储备融资能力。公司债务保守策略的使用与公司过多的现金持有正相关，采用债务保守的融资策略可以使公司保留财务弹性，拥有未来投资机会或兼并收购的"资金金库"。贝兹传施（Bazdresch, 2011）[4] 用包含股票发行理性成本的融资和投资动态模型研究高成长公司的债务保守现象，表明高成长公司将杠杆保持在一个低水平是为了公司在未来投资时能从留存收益中获得资金。曾爱民等（2013）[5] 以 2007 年的金融危机作为冲击事件，研究危机发生前中国公司资本结构的高低对企业在危机时期投融资决策的影响，发现相比高杠杆公司，采用债务保守融资策略的公

---

① Marchica, M., Mura, R. Financial flexibility, investment ability and firm value: Evidence from firms with spare debt capacity. Journal of Financial Management, 2010 (39): 1339–1365.

② Hennessy, C. A., Whited, T. M. Debt dynamics. Journal of Finance, 2005, 60 (3): 1129–1165.

③ DeAngelo, H., DeAngelo, L., Whited, T. Capital Structure dynamics and transitory debt. Journal of Financial Economics, 2011 (99): 235–261.

④ Santiago Bazdresch. Can equity issuance costs explain the low leverage of high growth firms? 2011, Working Paper.

⑤ 曾爱民，傅元略，梁丽珍. 为什么企业偏好保守资本结构？——一个支持财务柔性的检验. 商业经济与管理，2013 (6): 48–59.

司由于储备了负债融资能力，具有更强的财务弹性，能够抓住有利的投资机会，对内源性资金供给的变化不太敏感。陈艺萍和张信东（2015）[①] 指出处于不同生命周期中的企业，由于其内、外部资金来源与数量存在差异，公司具有不同的财务弹性供给能力，它们会采用不同的资本结构决策。通常，处于成熟期和衰退期企业由于财务供给能力逐渐降低，公司会减少负债融资，越来越倾向于债务保守的资本结构策略。

3.2.2　融资约束假说

融资约束是指公司在需要资金的时候，由于受到各种因素的制约无法获得所需要的资金。在一个不完美的资本市场中，公司资本结构不仅受到资金需求的影响，而且与其外部融资的能力（资金供给）有关。当存在市场摩擦的时候，某些公司可能无法得到足够的外部融资以投资于净现值为正的项目，特别是在信息部不对称的情况下，由于贷款人无法得到准确信息评价公司资产质量和投资质量，使得借款公司面临信用配额的限制。[②] 一方面，贷款人在发放贷款时更为谨慎。此时，如果公司不能提供有效的抵押资产和信用证明，那么它就无法获得贷款、解决资金的流动性需要。[③] 另一方面，一些公司可能由于风险太大、信用评级低等多种原因在债券市场上声誉受限，没有办法发行债券直接获得债务融资。[④] 奥普勒等（Ople et al.，1999）[⑤] 在研究发现，持有更多现金余额的公司拥有较

① 张信东，陈艺萍. 企业生命周期、财务弹性供给与资本结构决策. 山西大学学报（哲学社会科学版），2015（4）：131－139.

② Stiglitz, J. E. , A. Weiss. Credit rationing in markets with imperfect information. American Economic Review，1981，71（3）：393－410.

George, Thomas J. , Hwang, Chuan－Yang. A resolution of the distress risk and leverage puzzles in the cross section of stock returns. Journal of Financial Economics，2010（96）：56－79.

③ Holmstrom, B. , Tirole, J. Private and public supply of liquidity. Journal of Political Economy，1998，106（1）：1－40.

④ Diamond, D. W. Monitoring and reputation：The choice between bank loans and directly placed debt. Journal of Political Economy，1991，99（4）：689－721.

⑤ Opler, T. , Pinkowitz, L. , Stulz, R. , Willamson, R. The determinants and implications of corporate cash holding. Journal of financial and economics，1999（52）：3－46.

高的成长机会，但是同时也存在信用约束，很难在资本市场上获得融资，他们只能增加现金持有，减少债务融资，被动地保持债务保守状态。博尔顿和费冉克（Bolton & Feixas，2000）[①] 指出在信息不对称情况下，股票发行时较高的信息披露成本使得许多企业不得不放弃项目投资，减少外部融资。福科德和彼得森（Faulkender & Petersen，2006）[②] 认为没有进入债券市场、债务融资能力受限公司的负债低于进入债券市场公司负债，它们的资本结构更保守。同时，他们使用公司是否有债券评级的概率来测算公司是否债务受限，发现在控制资本结构决定因素和债券评级的内生问题之后，有信用评级的公司比没有信用评级的公司多用35%债务。因此，存在融资约束、无法进入资本市场的公司更可能采用债务保守的融资策略。巴格汗德等（Baghaid et al.，2011）[③] 指出由于评级机构对公司债券评级保守导致债券评级下降，使得公司债务融资成本增加，采用低杠杆。

乔治和黄（George & Hwang，2010）[④] 证明在资本市场无摩擦的假设下，股票收益与公司财务风险的强度、资产负债率负相关关系是一个谜，但是这些公司财务风险披露成本不同与最大化公司价值是一致的。财务风险披露成本高的公司为避免陷入财务困境，选择保守的债务融资策略，实证结果也支持这一结论。债务保守、财务困境程度低的公司的股票收益溢价高。当公司陷入财务困境时，相比高杠杆公司，采用低负债、保守的债务融资策略的公司能承受更多的会计业绩恶化和更高的系统风险披露。拉姆皮尼和威斯万森（Rampini & Viswanathan，2010）[⑤] 基于有形资产抵押借贷的需要建立动态资本结构模型，证明有形资产作为公司的抵押资产，是资本结构决策的核心决定因素。公司采用抵押融资担保，由于抵押品价

① Bolton, P. , Feixas, X. Equity, bonds, and bank debt: Capital structure and financial market equilibrium under asymmetric information. Journal of Political Economy, 2000, 108 (2): 324 – 351.

② Faulkender, M. , Petersen, M. A. Does the source of capital affect capital structure? Review of Financial Studies, 2006, 19 (1): 45 – 79.

③ Bagha, Ramin. Servaes, Henri. , Tamayo, Ane. Does fair value reporting affect risk management? international survey evidence. Financial Management, 2011, 40 (3): 525 – 551.

④ George, Thomas J. , Hwang, Chuan – Yang. A resolution of the distress risk and leverage puzzles in the cross section of stock returns. Journal of Financial Economics, 2010 (96): 56 – 79.

⑤ Rampini, Adriano A. , Viswanathan, S. Collateral, risk management and the distribution of debt capacity. The Journal of Finance, 2010 (65): 2293 – 2322.

值较低导致信用不足而融资受限的时候，公司对债务融资能力的使用就会减少，因为融资需要考虑风险对冲。并且，生产效率高的公司对债务融资的使用更积极，它们不需要为未来的投资机会保留财务弹性。

除了研究低杠杆的债务保守公司，一些学者对发达国家公司完全不使用债务融资现象进行研究。他们的研究表明，相比杠杆公司，零杠杆公司更小、更年轻，可用来抵押的有形资产少，这意味着贷款人无法知道这些公司的资产和新的成长机会之质量，公司在债券市场上没有建立起声誉，可能面临信用配额的限制，它们无法自由进出债券市场进行融资。同时，这些公司盈利少，但是又持有大量的现金、支付较高的股利，他们为了保留财务弹性不负债，或者依靠股权融资。①②③④⑤⑥

3.2.3　产品市场竞争假说

20 世纪 80 年代形成的以产品、要素市场相互作用为基础的资本结构产业组织理论，主要关注行业特征、产品市场竞争与企业融资行为及资本结构之间的关系。学者通过分析产品市场竞争关系，发现产品市场竞争程度与公司低杠杆、债务保守之间具有明显的正向关系，产品市场竞争激烈是公司采用保守的债务融资策略的原因。

梯特曼（1984）指出公司产品的独特性使得公司采用保守的债务策略。产品独特公司所需要的售后服务、供应商的能力和员工的人力资本都

① Dang, V. A. An empirical analysis of zero-leverage firms: New evidence from the UK. International Review of Financial Analysis, 2013 (30): 189 –202.

② Hadlock, C. J., Pierce, J. R. New evidence on measuring financial constraints: Moving beyond the KZ Index. Review of Financial Studies, 2010, 23 (5): 1909 –1940.

③ Bessler, Wolfgang., Drobetz, Wolfgang., Haller, Rebekka., Meier, Iwan. The International zero-leverage phenomenon. Journal of corporate finance, 2013 (23): 196 –221.

④ Strebulaev, I. A., Yang, B. The mystery of zero-leverage firms. Journal of Financial Economics, 2013 (109): 1 –23.

⑤ Devos, E., Dhillon, U., Jagannathan, M., Krishnamurthy, S. Why are firms unlevered? Journal of Corporate Finance, 2012 (18): 664 –682.

⑥ Byoun, S., Xu, Z. Why do some firms go debt free? Asia – Pacific Journal of Financial Studies, 2013, 42 (1): 1 –38.

具有特殊性，如果这类公司破产、面临清算时，它们的顾客和供应商、雇员将承受相对较高的成本。因此，这些公司会迫于上下游关系客户的要求，以及自身产品特点避免债务，从而降低公司被清算的概率。[①]

布兰德和李维斯（Brander & Lewis，1986）[②] 指出公司如果处于产品市场竞争的行业中时，它的债务发行和因负债水平上升带来的竞争战略承诺效应使得它比竞争对手更具进攻性，此类进攻性的存在将增强公司在产品市场上的竞争力。

但是，伯尔顿和斯恰思泰恩（Boiton & Scharfstein，1990）[③] 的研究结论与布兰德和李维斯的结论相反。他们在分析公司融资策略对管理者代理问题的影响时指出，高杠杆公司将成为产品市场上的弱势竞争者，处于竞争激烈行业的公司应该减少债务融资。

奥普勒和梯特曼（Opler & Titman，1994）[④] 发现，经济不景气时，处于竞争激烈行业的高负债公司的销售额比负债较少、采用保守的债务融资策略公司的销售额下降更多。通常，高杠杆公司销售额的减少要超过竞争对手26%左右。并且，由于销售量的下降导致公司股票价值因利润下降而减少，公司市场份额随之下降。因此，处于竞争激烈行业中的公司选择低杠杆的资本结构更有利于生存与发展。坎贝尔（Campell，2003）[⑤] 基于经济周期视角的实证研究表明，当宏观经济环境、经济周期和产业政策急剧变化时，市场对产品需求变化的冲击影响公司资本结构选择。经济衰退时，行业中竞争对手的低杠杆使得资产负债率高的公司销售收入下降较多，它们陷入财务困境或财务危机的概率远大于财务杠杆低的企业，公司的负债与市场利润呈现反经济周期性；经济高涨时这种情况则不存在的。

---

① Titman，S. The effect of capital structure on a firm's liquidation decision. Journal of Financial Economics，1984（13）：137 – 151.

② Brander，James.，Lewis，Tracy. Oligopoly and financial structure：The limited liability effect. American Economic Review，1986（76）：956 – 970.

③ Bolton，Patrick.，Scharfstein，David. S. A theory of predation based on agency problems in financial contracting. American Economic Review，1990（80）：93 – 106.

④ Opler，Timothy.，Titman，Sheridan. Financial distress and corporate performance. Journal of Finance，1994（49）：1015 – 1040.

⑤ Campello，Murillo. Capital structure and product markets interactions：Evidence from business cycles. Journal of Financial Economics，2003，68（3）：353 – 378.

因此，当公司预期经济下行、产品市场需求下降时，高度依赖外部债务融资的公司可能根据行业内竞争对手的融资结构，减少投资、使用保守的债务融资策略。

马克西莫维奇和梯特曼（Maksimovic & Titman，1991）[①]、柯菲诺克和菲利普斯（Kovenock & Phillips，1997）[②]研究表明，在考虑产品市场竞争后，公司采用债务保守策略，选择低杠杆被认为是一种理性行为。如果公司所在行业集中度高，当行业内主要公司因融资约束、杠杆并购等形成高资本结构时，财务杠杆低、现金充裕的竞争对手通常会主动降价，发动价格战或营销战，以产品利润的暂时降低获取大量经营现金流量。尤其是当高负债公司占有的市场份额较大时，采用低杠杆的公司更倾向于增加投资、扩大规模来抢夺市场份额。此时，高杠杆企业可能因现金流下降、债务支付等压力出现财务困境，甚至陷入财务危机。另外，公司客户、具有谈判地位的供应商、债权人等利益相关者出于对自身风险的控制，对企业采取雪上加霜的行动，进一步导致公司销售下降、市场份额萎缩，内外部融资能力减弱，最终被迫退出市场。

清华大学朱武祥等（2002）[③]构建了一个两阶段模型，研究市场竞争与公司低杠杆行为之间的关系。他们以燕京啤酒公司为例，指出企业对债务融资工具的使用与其产品市场竞争环境有关。当公司预期未来产品市场竞争激烈就会选择较低的债务规模、采用保守的债务融资行为，保留融资能力为公司在后续市场扩张和营销竞争中维持财务安全。这一研究开创了中国研究公司债务保守的先例。其后，2008 年朱武祥教授与王正位的一篇工作论文中对中国上市公司无长期借款的现象进行了简要分析，指出中国上市公司资产负债率普遍低于 25%，且长期债务少，甚至没有长期负债。上市公司普遍具有的股权融资偏好使得公司在需要

① Maksimovic, Vojislav. , Titman, Sheridan. Financial policy and reputation for product quality. Review of Financial Studies, 1991 (2)：175 –200.

② Kovenock, Dan. Phillips, Gordon. Capital structure and product market behavior：An examination of plant exit and investment decisions, Review of Financial Studies, 1997 (3)：767 –803.

③ 朱武祥，陈寒梅，吴迅. 产品市场竞争与财务保守行为——以燕京啤酒为例的分析. 经济研究，2002 (8)：28 –35.

融资时首选配股或增发，这进一步促进了公司杠杆率的降低。陈建梁和王大鹏（2006）[①] 在理论分析的基础上建立了公司资本结构与产品市场竞争负相关的解释，并用沪深两市 796 家上市公司数据证明激烈的产品市场竞争是公司避免财务风险提高市场竞争能力、选择债务保守策略的重要原因。

但是，也有一些学者的研究结论与此相反。刘志彪等（2003）[②] 建立两阶段双寡头垄断竞争模型证明公司负债与产品市场竞争正相关。他们对深沪两市上市公司实证检验结果表明资本结构是公司的竞争手段之一，市场竞争越激烈的公司的资产负债率越高，这一结论有效支持了他们的理论假设。钟田丽和范宇（2004）[③] 对中国产品市场竞争激烈程度不同的行业中上市公司资本结构研究发现，中国上市公司股权融资过度和不足同时存在，产品市场竞争对公司的债务融资影响很大。产品市场竞争越激烈，企业的财务杠杆越高。姜付秀和刘志彪（2005）利用我国沪深两市的上市公司作为研究样本，对不同行业公司资本结构与产品市场竞争情况分析，检验行业特征在资本结构和产品市场竞争中的作用。结果表明在成熟产业中，产品市场上竞争越激烈，公司的负债水平越高；在衰退产业和成长性产业中，如果企业对竞争对手行为越敏感，那么公司资产负债率越低，公司资本结构与其对竞争对手行为的敏感性负相关。[④]

赵蒲和孙爱英（2004）通过研究中国资本市场环境，分析我国企业所处的市场环境、政府管制和产业组织情况，从资本市场、产业组织和公司治理结构三个方面分析导致中国上市公司债务保守的因素，发现由产品市场竞争决定的公司自身内源融资能力是这些公司采用低杠杆策略的最重要原因，结果表明：公司债务融资保守产生的最重要原因是由产品市场竞

① 陈建梁，王大鹏. 产品市场竞争对企业资本结构的影响. 管理科学，2006，19（5）：50 - 57.

② 刘志彪，姜付秀，卢二波. 资本结构与产品市场竞争强度. 经济研究，2003（7）：60 - 67.

③ 钟田丽，范宇. 上市公司产品市场竞争程度与财务杠杆的选择. 会计研究，2004（6）：73 - 77.

④ 姜付秀，刘志彪. 行业特征、资本结构与产品市场竞争. 经济研究，2005（10）：74 - 81.

争决定的企业内源融资能力，而公司股票在资本市场价格的高估对公司低杠杆行为也有重大的影响。这与资本结构市场时机理论相符。[①]

3.2.4 管理者特征假说

资本结构代理理论指出，如果公司激励约束机制无法使公司管理者的利益与股东利益一致，管理者会为了个人利益而选择自身效用最大化的资本结构，减少负债融资。管理者采用保守的财务策略、使用低杠杆或债务保守，降低公司因负债陷入财务困境或被破产兼并等特定风险的概率，有效保护其个人人力资本。[②] 杰拉尔德等（Gerald et al. , 1997）[③] 用包含经理人控制的动态资本结构模型说明，公司管理者采用保守的财务策略——低负债是为了最优化其个人的效用函数，而不是最大化股东价值。管理者在自由确定公司投融资政策时，更关注他们自身的利益。他们为了避免公司被兼并或陷入财务困境，刻意使得公司减少对债务资金的运用，在需要外部融资也是有限选择股权融资，而不是举借债务。博杰等（Berger et al. , 1997）[④] 发现管理者更倾向于债务保守，特别是对于防御型的经理人，他们更愿意使用较少的债务，或者说只有在感觉到个人工作安全受到威胁时才会增加债务融资，提高公司资本结构。莫莱克（Morellec, 2004）[⑤] 基于经理人通过投资获得额外津贴的或有要求权模型，分析了经理决策权和控制权对公司杠杆的影响。他们发现，公司实际资本结构是经理权衡个人王国建立的欲望和有效阻止个人控制权受到挑战的结果。经理和股东冲突能解释现实中公司的低杠杆现象，公司杠杆值最小是10%。

---

① 赵蒲，孙爱英. 财务保守公司行为——基于中国上市公司的实证研究. 管理世界，2004 (11)：109－118.

② Fama, Eugene. F. Agent problems and the theory of the firm. The Journal of Political Economy, 1980, 88 (2)：288－307.

③ Garvey, G. , Gordon, T. , Hanka, R. The management of corporate capital structure：Theory and Evidence. Working Paper, 1997.

④ Berger, Philip G. , Eliofek, David, Yermack, L. Managerial entrenchment and capital structure decisions. Journal of Finance, 1997, 52 (4)：1411－1438.

⑤ Morellec, E. Can managerial discretion explain observed leverage ratios? Review of Financial Studies, 2004 (17)：257－294.

肖作平（2005）[①]对中国市场公司研究发现，当公司治理水平高时，管理者受到的监督更多、更严格，管理者壕沟效应相对较弱，公司的债务水平更高；反之，当公司治理水平较差时，管理者基于自利的目的可能减少对债务的使用，采用保守的债务策略。艾奥纳等（Iona et al.，2007）[②]使用1984~2001年英国非金融公司的大样本研究了持续采用低杠杆、保持充足现金公司的特征。作者认为，如果公司同时采用低杠杆、高现金政策，那么公司就是低杠杆的。文章证明低杠杆的公司倾向于使公司杠杆低于目标杠杆值，并保留较高的现金余额。他们发现管理者所有权、董事会构成、公司所有权集中度等内部公司治理特征是公司采用保守财务策略的重要决定因素。陈艺萍和张信东（2015）[③]研究表明，管理者能力差异能部分解释中国公司的低杠杆现象。

斯托布拉维和杨（2013）指出公司采用极端债务保守策略受到公司管理者特征和公司治理特征，如 CEO 所有权、董事会规模和独立董事、家族控制地位的影响。CEO 所有权和任期与公司债务保守策略选择有关，CEO 持有公司所有权越高、任期越长，公司使用债务保守的概率越大。但是，德沃斯等（Devos et al.，2012）研究却指出公司内部与外部治理机制对于公司采取保守的债务融资策略不具有解释力。他们特别指出公司几乎不使用债务，与管理者防御和偏好保守的财务策略无关。

3.2.5　股权融资偏好假说

资本结构优序融资理论指出，当公司有资金需求时，考虑到内部管理者与外部投资者之间信息的不对称，公司优先选择使用盈余公积、未分配利润等内源性资金作为资金供给，而不是使用外部融资。只有在内部资金供给不足以满足项目资金需求时，他们才会使用外部融资工具，并且首先

---

①　肖作平. 公司治理结构对资本结构类型的影响——一个 Logit 模型. 管理世界，2005（9）：137 – 147.

②　Iona, A., Leonida, L., Ozkan, A. Determinants of financial conservatism: Evidence form low-leverage and cash-rich UK firms. Working Paper, 2007.

③　陈艺萍，张信东. 公司为什么放弃债务的收益呢? 经济问题，2015（3）：103 – 107.

会选择债务融资，最后才发行股票，使用股权融资。而资本结构市场时机理论则指出，由于资本市场对公司价值估计的非理性，当公司股价被高估时管理者在需要外部融资时通常会优先选择股权融资，而放弃债务融资，此时公司表现为低杠杆。

张春等（Chang et al.，2010）[1] 通过识别投资者预期损失的信息交易引起的流动性溢价（逆向选择）和证券价格信息披露引起的公司运营效率提高这两个公司资本结构新的决定因素，发现公司资本结构决策影响交易者获得信息的激励。当信息对提高交易决策是必要的时候，为了降低社会不经济信息对兼并和与之有关的流动性溢价的影响，公司不负债或者持有负的债务（保留超过负债的现金余额），它的最优负债率是公司清算成本最低、投资者获得最多信息披露时的值。

中国学者认为上市公司资产负债率偏低是由于公司偏好股权融资。黄少安和张岗（2001）[2] 指出，中国证监会等监管机构对股票发行的审批制使得公司发行股票风险的一部分由国家信用承担，公司股权融资成本很低，上市公司更偏好股权融资，保持较低资产负债率，有些公司资产负债率甚至接近于零。

陆正飞和高强（2003）[3] 通过问卷调查对我国上市公司的融资行为、融资偏好、债务融资的利用以及公司治理对资本结构配置的影响进行了分析，发现中国上市公司的融资表现出"偏好股权融资"的特点，资产负债率较低的原因主要在于中国资本市场上股权融资的成本较低，而公司内部人控制导致高管人员不愿意面对负债过高的财务费用影响公司对其业绩考核的结果，也不愿意面对过高资产负债率引致的财务风险。刘星等（2004）[4] 发现中国上市公司的融资顺序与资本结构优序融资理论有悖，它们外部资金来源首先是股权融资，其次是债务融资，最后才使用内部资

① Chang, Chun., Yu, X. Informational efficiency and liquidity premium as the determinants of capital structure，Journal of Financial and Quantitative Analysis，2010，45（2）：401－440.

② 黄少安，张岗. 中国上市公司股权融资偏好分析. 经济研究，2001（11）：12－27.

③ 陆正飞，高强. 中国上市公司融资行为研究——基于问卷调查的分析. 会计研究，2003（10）：16－24.

④ 刘星，魏锋，詹宇，Benjamin Y. Tai. 我国上市公司融资顺序的实证研究. 会计研究，2004（6）：66－72.

金作为资金来源。造成这一现象的原因在于 2004 年前中国资本市场上的公司大多是由国有企业改制过来的，公司的治理机制仍不完善、效益不好，它们自身产生的资金无法满足投资需要。同时，国家所有权的"缺位"使得上市公司在实践中形成严重的"内部人控制"，管理者处于自身利益考虑减少对债务融资的使用。吴博（2006）[①] 研究了中国高科技上市企业的低杠杆效应和股权融资偏好，并从资本市场制度缺陷这一角度对其进行了简单分析，指出高科技企业偏好股票融资并非软约束和股权融资成本低，公司规模和较高的运营投入是高科技企业采用低杠杆的决定因素。陈夏飞（2001）[②] 认为中国资本市场建立时间较短，投资者缺乏理性的投资理念，具有浓厚的短线投资思想；新股发行的额度制又使得上市公司成为稀缺资源，两者结合导致很多股票价格远高于其真实价值，这导致上市公司股权融资成本很低，公司只要能够发行股票就必然选择股权融资。[③]因此，2009 年清华大学王正位老师在中国金融国际年会演讲中指出："中国公司的融资行为并不是自主选择的结果，对部分公司而言，可能是自己不愿意选择长期借款，对另一部分公司而言，可能是自己想要，但鉴于银行自身评价标准，不愿意提供。"

3.2.6 其他相关研究

随着行为金融的发展，有学者基于行为公司金融的视角探讨公司债务保守的原因。例如陈常迟等（Chen et al.，2012）[④] 以态度行为金融为研究视角，采用交易资产价格边界概率错误设定，建立包括套利者行为和市场夏普比率在内的模糊模型，通过分析基于资本结构框架的或有要求权，发现模糊厌恶使得债权人悲观地相信管理者很快会放弃公司，部分解释了公司"低杠杆之谜"和"信用额度之谜"。张波

① 吴博. 中国高科技企业低杠杆效应及其动因研究. 统计与决策，2006（9）：126 – 127.

② 来源于 http：//finance. jrj. com. cn/people/2009/07/0817075454775. shtml.

③ 陈夏飞. 我国上市公司股权融资偏好的行为分析. 浙江社会科学，2001（4）：49 – 51.

④ Chen，Chang – Chih. Corporate financing under ambiguity：A utility-free multiple-priors approach. Working Paper，2012.

涛等（2008）① 基于前景理论和权衡理论，建立考虑递减敏感性心理和厌恶损失感两种认知偏差的资本结构决策模型，从行为金融视角对资本结构决策中的低杠杆行为进行解释。他们发现公司管理者厌恶损失感越强、递减敏感性心理不太重或者公司陷入财务困境时成本非常低，公司的杠杆越低。公司管理者的认知偏差和较低的财务困境成本是公司采用债务保守融资策略的重要原因。布永恩和许赵霞（Byoun & Xu，2013）② 认为公司债务保守现象的一个可能解释是公司为了获得股价高估的市场时机，股票被高估的公司更多依靠外部股权融资，从而不负债。

　　另外，一些研究者基于国家宏观经济政策、国家制度等视角分析公司极端债务保守原因。张信东和陈湘（2013）③ 从宏观经济政策研究了我国上市房地产公司债务保守的影响因素，发现贷款利率、银行准备金率等是中国房地产公司不使用债务的原因。张信东和张莉（2013）④ 研究了中国具有金字塔结构的民营债务保守公司的资本结构影响因素，发现公司规模、盈利能力、成长性和固定资产多少是公司采用债务保守的原因。张信东等（2012）⑤ 基于中国资本市场特征，从公司效率与资本结构关系视角进行分析，认为公司效率能部分解释中国公司的低杠杆现象。贝斯勒等（Bessler，2011）发现七国集团（Group of Seven，G7）国家上市公司极端债务保守除了融资受限、信息不对称和资产风险等有关的公司特征能部分解释这一现象之外，属于G7每个国家的特定因素也能解释G7中不同国家债务保守公司比例的不同。例如，普通法体系、债券人保护程度高和传统税制国家公司债务保守比例高。

① 张波涛，李延喜，栾庆伟. 认知偏差、财务困境成本与财务保守行为. 运筹与管理，2008，17（2）：136 - 141.

② Byoun, S., Xu, Zh. X. Why do some firms go debt free? Asia - Pacific Journal of Financial Studies, 2013, 42（1）：1 - 38

③ 张信东，陈湘. 上市房地产企业零杠杆现象影响因素研究. 财经理论与实践，2013，34（2）：78 - 82.

④ 张信东，张莉. 金字塔股权结构下企业的零杠杆现象——基于中国民营上市公司的实证研究. 经济与管理研究，2013（8）：48 - 56.

⑤ Zhang, X. D., Ni, L., Chen, Y. P. "Lower leverage puzzle" in China's listed firms: An empirical study based on firm efficiency. International Journal of Management and Enterprise Development, 2012（1）：54 - 72.

　　关注公司债务保守成因的同时，有学者对债务保守公司业绩进行了研究。李和穆恩（Lee & Moon，2011）[①] 检验了连续三年或五年不使用债务融资公司股票长期的业绩，发现零债务公司的表现长期以来都很好，它们的长期市场表现超过市场平均。结论表明资本结构中持续不使用债务是股票收益的重要决定因素，理论和实际风险因子，如贝塔（β）、规模、账市比和动量，并不能完全反映公司债务保守的影响。科特维格（Korteweg，2010）[②] 用 1994~2004 年数据估计公司杠杆的净收益。他从公司债务和股权中识别市值和贝塔（β）处于中位数的公司将获得超过公司价值5.5%的净收益，盈利公司规模越小，它们的最优杠杆率越高。公司再融资时的杠杆低于其最优杠杆值，这主要是由债务保守公司导致的。斯托布拉维和杨（2013）研究结果表明，不支付股利公司组中零杠杆公司比例低于支付股利的公司组，这与夏普和阮（Sharpe & Nguyen，1995）[③] 的研究一致，不支付股利的公司存在的信息不对称是这些公司放弃债务融资、偏好股权融资的原因。但是斯托布拉维和杨（2013）发现，相比支付股利的杠杆公司，支付股利的零杠杆公司盈利更多，税收费用也高，有更高的累积现金留存。这种现象无法用标准的资本结构理论解释。他们认为零杠杆公司的高市账比是公司股票被高估导致的。公司经理与资本市场投资者之间存在的"信念分歧"导致零杠杆公司经理和投资者之间对公司极端债务保守的认知不同，较高的市账比使得公司经理等内部人坚信公司股票被高估，公司实际价值低于资本市场估值。信念的分歧导致公司股票价值相对债券价格显得不均衡，如果公司从外部获得的资本数量有限，经理人更愿意发行股票而不是债券。但是从长期来看，公司经理与资本市场之间对公司价值估值的差异将被修正，均值回复将使得股票回到正确定价。当这种修正发生时，债务保守公司长期股票收益将低于杠杆公司。

　　① Hongbok Lee，Moon，Gisung. The long-run equity performance of zero-leverage firms. Managerial Finance，2011，37（10）：872–889.

　　② Korteweg，Arthur. The net benefits to leverage. The Journal of Finance. 2010，65（6）：2137–2170.

　　③ Sharpe，S. A.，Nguyen，H. H. Capital market imperfection and the incentive to lease. Journal of Financial Economics，1995（39）：271–294.

3. 3

本 章 小 结

国内外对公司债务保守，尤其是公司零负债的债务保守研究仍然处于"初级阶段"，学者们的研究主要集中于分析企业采取债务保守行为的动机与诱因。从文献可知，公司所在行业的产品市场竞争程度、产品在市场上竞争的不确定性、公司治理机制的差异和融资约束、保留财务弹性等因素是公司采取保守的债务策略的主要原因。但是，现有公司债务保守的理论与实证研究仍然没有得到令人信服的解释。对债务保守公司的业绩以及其可能采取行为的研究相对缺乏、对债务保守行为形成的机理研究仍然缺少令人信服的剖析。

并且，公司债务保守现象很难与现有资本结构经典理论调和，传统的资本结构决定影响因素无法完全解释为何如此多的公司拒绝使用债务。资本结构理论的发展过程是一个诸多假设不断放松的过程。现有资本结构理论是以英美等市场导向型的经济为理论背景，以发达的资本市场、理性人假设为研究基础。现实中，资本市场并没有达到完全有效，管理者、投资者的决策中存在许多非理性的因素。并且，不同经济体制度的特殊性、文化和法律传统、经济制度变迁的背景也会导致公司不同的融资决策。当研究的公司处于一个特定的经济环境中时，假设前提和影响因素传导机制发生变化，将会产生公司实际与经典结论不符的现象，由此削弱了资本结构理论对不同社会和制度背景条件下公司融资决策行为的解释能力。

青木昌彦和钱颖一（1995）[①]曾经说过：离开一个国家的发展阶段和它的制度与习俗历史来选择哪种公司治理结构最适用于转轨经济，是没有什么意义的。在设计转轨经济的公司治理结构的时候，经济学家必须具体地确定每种公司治理结构模式（或是不同的模式的结合）的运作所需的

---

① 青木昌彦，钱颖一. 转轨经济中的公司治理结构：内部人控制和银行作用. 北京：中国经济出版社，1995.

特定条件，这些条件在转轨经济中能否得到，以及实现这些条件的最有效率的途径，我们不能忽视转轨过程中的路径依存或循序演化的性质。所以，中国公司债务保守是中国公司金融中的一个新的"谜"，值得研究者们在考虑中国经济社会发展现状、公司所处制度环境特殊性的前提下进行研究。

第4章

公司债务保守现状描述

中国制度环境与发达资本主义国家的差异决定了中国经济的特殊性。一直以来，国有和非国有经济并存使得中国公司的经营决策行为有着与其他国家公司不同的特点，即使是资本市场上的上市公司也有着中国特色。例如，上市公司作为中国经济改革中最先进的组织形式，仍然存在着国有与非国有两种控制权的公司，并且中国资本市场解决国营企业资金困境、提高企业运营效率的初衷使得在中国资本市场上，尤其是 A 股主板市场存在许多国有股权一股独大的公司。那么，同样作为上市公司，与其他国家上市公司相比，中国上市公司的资本结构表现为怎样的状况，上市公司的债务保守又呈现出什么样的特点呢？

4.1 公司债务保守界定

4.1.1　公司杠杆

众所周知，公司资金构成主要包括股权资本和债务资本。股权资本主要是由股东出资，它具有公司价值的剩余索取权。债务资本的来源相对复杂。公司负债中有一部分来源于公司的日常经营。公司在商业交易、经营过程中由于商业信用产生诸如应付账款、应付工资、预收账款等负债。这类负债的资金来源大多属于"免费"性质，是公司经营活动中的伴生物，不构成真正意义上的公司债务，其重要的一部分（会计应付）反映公司日常经营安排。

除了无息的经营负债，还有一些公司负债是有息负债。有息债务是指公司为了满足日常经营、投资等的资金需求从资本市场中的债券市场或银行等其他金融中介机构融入的资金。这部分资金在融入时要产生一定的筹资费用，而在使用过程中公司需要根据借入资金的多少、借款合同的约定利息率支付相应的利息，在借款期限结束时偿还对应的本金。有息债务融资的借款合同通常包含对公司流动比率、速动比率等偿债指标、公司资产的处置、公司治理和管理等约定的普通与特殊条款，对公司经营管理的监督约束较多，当公司经营不善，无法按期付息还款将会使公司陷入财务困境，甚至使公司面临被收购、兼并或破产的风险。与基于商业信用的经营融资相比，有息负债是公司主动积极的融资，有息负债税前偿还的抵税收益使得公司管理层对银行借款和债券融资这类公司"真正"的债务更为关注①（斯托布拉维和杨，2013）。

对公司债务资本的不同分类和认知使得学者们对公司资本结构有不同的理解。一些学者将资本结构（杠杆）表述为公司的资产负债率，即公司资产负债表中的全部负债（流动负债与非流动负债之和）除以全部账面资产的比值；②③④一些学者认为资本结构反映公司的长期融资行为，应该表述为公司长期负债与资产（权益）的比值，这可以更准确地描述公司的财务杠杆。然而，资产负债率和长期负债资产比计算中使用的全部负债和长期负债中包含有公司的商业信用融资，这部分资金与公司主动融资无关，不能反映公司的融资管理决策。所以，本书将资本结构（杠杆）定义为公司有息债务融资额与全部资产的比值。其中，有息债务融资包括公司短期负债中的短期借款和一年到期的非流动负债，长期负债合计中的

① Fama, E. F., French, K. Testing trade - Off and pecking order predictions about dividends and debt. Review of Financial Studies, 2002, 15 (1): 1 - 33.

② Titman, Sheridan., Wessels, R. The determinants of capital structure choice. The Journal of Finance, 1988 (1): 1 - 19.

③ Rajan, R. G., Zingales, Luigi. What do we know about capital structure? some evidence from international data. The Journal of Finance, 1995 (50): 1421 - 1460.

④ Frank, Murray., Goyal, Vidhan K. Capital structure decisions: Which factors are reliably important?. Finance Management, 2007, 38 (1): 1 - 37.

长期借款和应付债券。在实际计算时我们没有考虑长期负债中的长期应付款和专项应付款。我国会计制度规定"长期应付款是在较长时间内应付的款项，而会计业务中的长期应付款是指除了长期借款和应付债券以外的其他多种长期应付款。主要有应付补偿贸易引进设备款和应付融资租入固定资产租赁费等"。"专项应付款是企业接受国家拨入的具有专门用途的款项所形成的不需要以资产或增加其他负债偿还的负债，如新产品试制费拨款、中间试验费拨款和重要科学研究补助费拨款等科技三项拨款等。"这两项应付款在我国公司长期负债中所占比例非常小，许多公司的长期应付款和专项应付款都是零。分母中的全部资产等于公司资产账面值或市值。资产账面值指公司资产负债表中的资产总值；市值为"公司债务账面值 + 流通股市值 + 非流通股账面净资产"。非流通股价值使用净资产是因为中国上市公司中有一些是国有股权公司改制而来，上市之初他们有部分股票不允许流通（非流通股），这些股票的市值与流通股有差异，选用其账面净资产更符合实际。梅耶斯（Myers，1977）[1] 认为管理者关注账面杠杆年限，账面杠杆更能反映公司的融资策略，市值杠杆由于金融市场很高的波动不能反映公司内财务策略的潜在改变。相反，韦尔奇（Welch，2004）[2] 声称从管理者的角度看，账面杠杆值没有任何含义，因为账面所有者资本（股权）只使用资产负债表的左边和右边，甚至可能为负。巴克雷等（Barcla et al.，1995）[3] 认为账面杠杆是往回看，从历史的视角进行分析；市值杠杆是往前看，更关注公司的现在与未来。

4.1.2 公司债务保守

目前，关于公司债务保守学界没有形成统一的看法，其一，认为公司

---

① Myers, S. Determinants of corporate borrowing. Journal of Financial Economics, 1977（5）：147 – 175.

② Welch, Ivo. Capital structures and stock returns, Journal of Political Economy, 2004（112）：106 – 131.

③ Barclay, M. , Smith, C. The maturity structure of corporate debt. Journal of Finance, 1995（50）：609 – 631.

资产负债率低于 5% 的公司是债务保守公司；其二，将所研究的样本公司按照资产负债率排序，处于第一五分位数之下的前 20% 公司定义为债务保守公司。也就是说，现有文献关于公司债务保守都是基于全部资产负债率确定的。

正如本节前边分析那样，公司的有息负债融资是真正反映公司融资策略的部分，使用有息债务极端杠杆更有实际应用意义。因此，与已有定义不同，本书直接选择没有任何债务融资的公司作为债务保守公司，即公司债务保守是指公司采用零负债融资策略、杠杆等于零。研究这类公司具有以下优点。首先，在计算杠杆时不存在分母选择的影响，提特曼和维塞尔（1988）提到的使用公司负债除以公司市值可能引起某种机械的关系、韦尔奇（Welch，2007）[1] 发现的使用账面杠杆产生某些计量问题，以及皮尔逊（Pearson，1987）[2]、鲍威尔等（Powell et al.，2009）[3] 指出由于变量计量方法不同导致的传统截面杠杆回归中单自变量和因变量之间伪相关关系都不复存在。其次，这类公司杠杆的变化一定是由债务的增加引起的，而不是因为公司用新发债券、新借债务来替代到期的债务或者是股票发行变化导致杠杆变化引起的。

4.2

公司债务保守分布

中国资本市场自 1990 年建立以来上市公司逐年增加，尤其是 2004 年、2010 年深圳证券交易所相继建立中小板和创业板以来，上市公司数量更是如雨后春笋一般，呈现井喷式的增加。考虑某些公司同时在国内、国外市场发行股票，公司融资环境存在差异使得它们资本结构缺少可比

① Welch, Ivo. Common flaws in empirical capital structure research. Working Paper, 2007.

② Pearson, K. Mathematical contributions to the theory of evolution—on a form of spurious correlation which may arise when indices are used in the measurement of organs. Proceedings of the Royal Society of London. 1896 – 1897 (60): 489 – 498.

③ Powell, J., Shi, J., Smith, T., Whaley, R. Common divisors, payout persistence, and return predictability. International Review of Finance, 2009, 9 (4): 335 – 357.

性，本书选取在上海证券交易所和深圳证券交易所上市的仅发行 A 股的上市公司作为研究对象。另外，考虑到中国资本市场刚成立时市场规模和市场规范程度不高，上市公司过少的状况，例如，1990 年上海证券交易所仅有 8 家上市公司，深圳证券交易所只有 2 家公司，且 1990～1992 年期间仅在上海、深圳两地试点发行股票，其他省市公司没有参与，本书样本时间从 1993 年开始，截止到 2012 年。样本公司确定时遵循以下原则。

（1）剔除了证监会行业分类中所有金融保险类和包含有金融类经营单元的上市公司。相比一般性工商企业，金融保险类公司有着特殊的资本构成，遵循资本结构研究惯例，提出了证监会行业分类中金融保险类公司。

（2）剔除了所有被证券交易所标注为 ST 和 * ST 的公司。上海和深圳证券交易所在 1998 年 4 月 22 日宣布，根据 1998 年实施的股票上市规则，对上市公司经审计连续两个会计年度的净利润均为负值、上市公司最近一个会计年度经审计的每股净资产低于股票面值等财务状况或其他状况出现异常的公司股票交易进行特别处理（Special treatment，ST），因此被市场特别处理的公司被称为 ST 公司。由于被市场标注为 ST、* ST 的公司财务状况异常或者存在违法违规行为，其资本结构安排是一种处在极端危机情形下的无奈选择，与我们研究所关注的内容存在差异。因此，我们剔除了所有标注 ST、* ST 公司。

（3）剔除了资产为负、长期负债为负等财务数据存在极端异常的公司。公司资产为负时表明企业已经没有办法运营。

综合上述 3 条选样原则，在符合条件的 1993～2012 年间中国沪、深 A 股主板 18284 家中筛选出所有的债务保守公司。最终，得到 1993～2012 年 1230 家债务保守公司年度数据，包括 370 家不同的债务保守公司。其中，连续五年（含五年）以上不使用债务融资的公司共 58 家。

4.2.1　公司债务保守时间分布

4.2.1.1　时间效应

1990 年以来，中国 A 股主板上市公司中采用债务保守公司的绝对数量时有起伏数量，但是相对比例却是呈现上升的趋势。1995 年仅有 1.5% 的公司选择债务保守；到了 2012 年，这一比例增加到 11.13%，平均而言，1993~2012 年间有 6.72% 的公司资本结构表现为债务保守，平均 13.5% 的公司杠杆低于 5%，高达 58.5% 的公司不使用长期债。

表 4 - 1 是 1993~2012 年采用债务保守决策的中国上市公司综合统计结果。其中，表中的第 1 列是统计年份，第 2~6 列是各年债务保守公司数量的统计，第 7~11 列是对应的公司比例统计，最后 1 列是表示各年样本公司总量。

表 4 - 1　　　　　　　　1993~2012 年债务保守公司数量与比例

Panel A 债务保守公司数量与比例

年份	公司数量（家）					公司比例（%）					N
	ZL	AZL	ZLTD	AZLTD	NPND	ZL	AZL	ZLTD	AZLTD	NPND	
1993	9	25	33	84	14	6.08	16.89	22.3	56.76	9.46	148
1994	7	25	53	140	19	2.87	10.25	21.72	57.38	7.79	244
1995	4	20	54	164	8	1.54	7.69	20.77	63.08	3.08	260
1996	7	39	94	270	20	1.64	9.15	22.07	63.38	4.69	426
1997	28	73	150	413	53	4.69	12.23	25.13	69.18	8.88	597
1998	37	89	139	434	65	5.32	12.81	20.00	62.45	9.35	695
1999	37	96	210	492	84	4.74	12.29	26.89	63.00	10.76	781
2000	45	107	219	563	140	4.95	11.76	24.07	61.87	15.38	910
2001	48	110	241	614	157	4.86	11.14	24.42	62.21	15.91	987
2002	52	128	257	650	128	4.93	12.14	24.38	61.67	12.14	1054
2003	73	130	230	689	126	6.53	11.63	20.57	61.63	11.27	1118
2004	67	126	247	682	106	5.71	10.74	21.06	58.14	9.04	1173
2005	68	133	252	702	90	5.80	11.34	21.48	59.85	7.67	1173
2006	84	150	237	699	77	7.06	12.62	19.93	58.79	6.48	1189
2007	79	168	286	720	83	6.49	13.79	23.48	59.11	6.81	1218
2008	96	183	290	713	86	7.74	14.75	23.37	57.45	6.93	1241
2009	100	204	274	635	111	8.05	16.43	22.06	51.13	8.94	1242

Panel A 债务保守公司数量与比例

年份	公司数量（家）					公司比例（%）					N
	ZL	AZL	ZLTD	AZLTD	NPND	ZL	AZL	ZLTD	AZLTD	NPND	
2010	119	237	272	627	119	9.56	19.04	21.85	50.36	9.56	1245
2011	122	227	260	623	121	9.74	18.12	20.75	49.72	9.66	1253
2012	148	278	316	642	136	11.13	20.90	23.76	48.27	10.23	1330
合计	1230	2548	4114	10556	1743						18284

Panel B 不同时间段债务保守公司比例

年份	公司数量（家）					公司比例（%）					N
	ZL	AZL	ZLTD	AZLTD	NPND	ZL	AZL	ZLTD	AZLTD	NPND	
1993 ~ 2012						6.73	13.94	22.5	57.73	9.53	
1993 ~ 2005						4.59	11.54	22.68	61.58	9.65	
2006 ~ 2012						8.54	16.52	22.17	53.55	8.37	
1999 ~ 2005						5.36	11.58	23.27	61.19	11.74	
2006 ~ 2007						6.78	13.20	21.71	58.95	6.65	
1993 ~ 1998						3.69	11.50	22.00	62.04	7.21	
1999 ~ 2007						5.67	11.94	22.92	60.70	10.61	
2008 ~ 2012						9.24	17.85	22.36	51.39	9.06	

注：表中 ZL 表示债务保守公司；AZL 表示准债务保守公司，即公司杠杆小于等于5%；ZLTD 表示零长期负债公司，即公司的长期负债等于零，AZLTD 是准零长期负债公司，公司长期负债资产比小于等于5%；NPND 表示净债务资产比小于等于零的公司，净债务是公司杠杆计算中所有主动融资（短期借款、一年内到期的长期债、长期借款、应付债券）之和减去现金及其等价物。

在 Panel A 债务保守公司数量分析中，第 2 和第 7 列是 1993 ~ 2012 年采用极端债务保守行为公司（ZL）的数量与比例。1993 年开始，债务保守公司比例是6.08%，也就是在全部148家上市公司样本中，有9家公司不使用有息负债。1994年、1995年和1996年，债务保守公司不管是绝对数，还是相对比例都急剧下降，分别是仅占当年公司总数的2.87%、1.54%和1.64%。随后，债务保守公司比例呈现稳中有升的态势。2012年这一比例值首次超过10%，达到最大值11.13%。20年来，中国上市公司中采用债务保守融资行为公司的比例平均达到 6.73%，每 100 家公司中有将近七家公司不主动使用债务融资。

为了进一步调查中国上市公司债务保守现象，本书计算了公司债务融资资产比低于 5%（即杠杆低于 5%，准债务保守公司 AZL）的标准，此时债务保守公司的数量和比例差不多翻了一番。例如，2012 年准债务保守公司比例为 20.3%，几乎是债务保守公司比例的两倍；1993～2012 年的平均值也变为 13.94%，超过了同期极端债务保守公司比例均值的一倍多。

第 4、第 5 和第 9、第 10 列分别是公司长期负债为零、不使用长期负债公司和长期负债资产比小于 5%、几乎不使用长期债务融资的公司数量与比例（零长期负债公司 ZLTD 和准零长期负债公司 AZLTD）。此时，发现一种更有趣的现象：中国上市公司中零长期负债和准零长期负债公司比例出奇的高。大约有 22.4% 的公司不使用长期债，这意味着零长期负债公司中大约 70% 的公司通过短期债融资。这与刘星等（2004）研究结论一致：中国上市公司债务融资中，短期负债融资占绝对地位，长期负债融资比例的份额很少。

第 6 与第 11 列是公司净债务资产比小于等于零时的公司（NPND）数量和比例。公司净债务等于公司负债减去资产负债表中的货币资金。货币资金作为公司的一种现金持有，随时可以用来偿还债务，阿查里雅等（Acharya et al.，2007）[①] 将公司的现金持有看做是公司的一种"负"债务，认为只有净债务才能真正反映负债对股东剩余财富的影响。公司净债务小于等于零意味着公司能够立即还清所有的债务，成为债务保守公司，甚至有的公司仍有现金结余。数据表明，1993～2012 年间，平均有 9.53% 的公司事实上没有负债，或者处于现金结余的状态，而这一数值大于同期债务保守公司比例值 6.73% 说明上市公司的负债公司中有 2.8% 的公司持有的货币资金足以满足公司立即偿还所有债务的需要。

Panel B 是对债务保守公司所占比例的分时间段统计。在整个样本期

---

① Acharya, Viral V., Almeida, Heitor., Campello, Murillo. Is cash negative debt? A hedging perspective on corporate financial policies. Journal of Financial Intermediation, 2007（16）：515－554.

的 20 年间，1997~1998 年爆发亚洲金融危机，2005~2006 年间中国资本市场进行了股权分置改革，2007~2008 年因美国次级贷款危机引发了全球性的金融风暴。本书依据这几个重大经济事件将研究样本期分段，计算对应期间债务保守公司比例等数据。数据表明：其一，1998 年亚洲金融危机之后，债务保守公司的比例增加，从 1998 年前平均 3.7% 的公司采用债务保守行为增加到 1998 年后有 5.67% 的公司不使用债务融资；其二，2005 年股权分置改革之前，上市公司中债务保守公司比例平均值为 4.59%，而到了股权分置改革之后——2006 年之后的平均值变为 8.53%，几乎是股权分置改革前平均值的 2 倍；其三，2006~2007 年平均 6.78% 的公司使用保守债务融资策略，而 2008~2012 年这一比例上升到 9.24%，有更多的公司不再使用债务融资。

图 4-1 是不同国家与地区债务保守公司比例的对比。从图中看出，1993~2012 年间，中国债务保守公司比例均值只有 6.73%，比美国同期债务保守公司比例均值 10.6% 少 4.1 个百分点。[1] 同期，中国债务保守公司比例也少于其他国家和地区。造成这一差异的原因可能是国家、地区之间会计准则差异使得公司负债、资产计量标准不同。

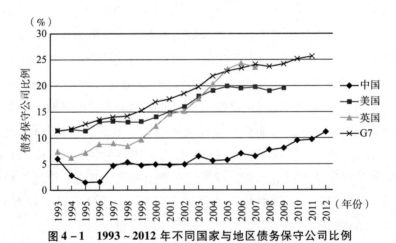

图 4-1　1993~2012 年不同国家与地区债务保守公司比例

注：其他国家数据根据斯托布拉维和杨（2013）、丹格（2013）、贝斯勒等（2013）论文整理。

---

① 数据来源：Ilya A. Strebulaev & Baozhong Yang. The mystery of zero-leverage firms. Working paper.

图 4 - 2 是 1989 ～ 2009 年 G7 国家债务保守公司比例变化情况。图 4 - 1 和图 4 - 2 表明，过去 20 年里，除了法国和日本，中国与 G7 国中的其他国家一样，债务保守公司的比例都呈现上升的趋势。

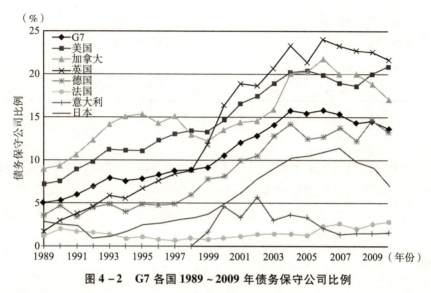

图 4 - 2　G7 各国 1989 ～ 2009 年债务保守公司比例

注：摘自 Bessler et al. The international zero-leverage phenomenon. Working Paper, 2011.

为了验证中国上市公司中具有债务行为公司数量与时间的关系，本书分别对表 4 - 1 中的相关比例做了时间序列回归分析。

$$Y = a + bt + \varepsilon \tag{4.1}$$

公式（4.1）中：时间 t 是按照 1993 年为 1，以后逐年增加 1 的方法设置的。回归结果见表 4 - 2。

表 4 - 2 表明，中国公司债务保守行为存在显著的时间趋势。债务保守公司和准债务保守公司回归系数分别是 0.365 和 0.383，在 1% 的显著性水平上显著，说明平均而言，债务保守公司比例平均每年以 0.36% 的速度在增加，准债务保守公司比例增加略快，平均为 0.38%。相反，零长期负债公司和准零长期负债公司比例随时间变化呈现下降的趋势，准零长期负债公司比例以 0.64% 的平均速度减少。净债务不为正的公司比例呈现微弱增加的趋势，但是不显著。

表4-2   时间趋势回归结果

系数	ZL	AZL	ZLTD	AZLTD	NPND
a	2.143 ***	9.261 ***	22.787 ***	65.498 ***	8.692 ***
T值	3.6	7.61	25.65	36.06	5.93
b	0.365 ***	0.383 ***	-0.027	-0.641 ***	0.0485
T值	7.34	3.77	-0.37	-4.23	0.4
F值	53.92 ***	14.22 ***	0.13	17.86 ***	0.16
R^2	0.74	0.41	0.047	0.472	-0.0464

注：（1）表中英文符号定义与表4-1相同；（2）*** 表示在1%显著性水平上显著。

以上分析说明中国上市公司虽然存在国有和非国有控股两种不同的控股形式，但是与世界发达资本市场相似，都存在债务保守公司现象，并且债务保守公司比例随着时间的推移呈现上升的趋势[52][53][54]。同时，在诸多上市公司中，有许多公司不使用长期负债，有70%的零长期债务公司使用短期债务融资。

4.2.1.2 持续效应

莱蒙等（Lemmon et al.，2008）①的研究表明，公司杠杆一般情况下具有延续性，在连续几年中公司的资本结构不会有太大的变化。那么，中国公司债务保守是一种临时行为，还是具有持续性？

为了检验这一现象，首先，本书对筛选出的1230条债务保守公司年度数据进行识别，确定证券代码不重复的公司有370个，说明这370家上市公司至少有一年曾经采用过债务保守行为。其次，根据筛选出的公司代码，再分别统计连续两年、三年……二十年不负债公司数量。这里，本书对某个公司有多个连续年采用债务保守行为时仅作一次计算。例如，假设公司代码为6000**的公司，如果它在1996～1999、2004～2007两个连续

---

① Lemmon, Michael L., Roberts, Michael R., Zender, Jaime F. Back to the beginning: Persistence and cross-section of corporate capital structure. The Journal of Finance, 2008（63）: 1537 - 1573.

四年中都是债务保守，本书统计时只计算一次，按照一个公司统计。最后，将统计出的连续多年的公司数量除以杠杆至少一年为零的公司总数（370 家），计算持续采用债务保守行为公司所占比例（表 4 - 3）。

表 4 - 3　　　　　　　　　公司债务保守持续性统计

持续年限	公司数量（家）	比率（%）	持续年限	公司数量（家）	比率（%）
1	370	100.00	9	14	3.78
2	235	63.51	10	12	3.24
3	135	36.49	11	9	2.43
4	69	18.65	12	7	1.89
5	68	18.38	14	4	1.08
6	46	12.43	15	3	0.81
7	30	8.11	17	1	0.27
8	21	5.68			

　　表 4 - 3 显示，第一年不使用债务融资的公司，第二年仍然保持这一保守债务策略的比例高达 63.51%。也就是说，如果第一年有 100 家公司采用零负债的债务融资策略，那么第二年这 100 家公司中至少有 64 家公司的杠杆仍然为零。连续三年、五年持续不负债公司比例分别是 36.49% 和 18.38%。即使将公司使用债务保守融资策略的年限延长到 10 年，这一比例值仍在 3% 以上，100 家债务保守公司中至少有 3 家公司持续采用债务保守 10 年。在中国这样一个仅仅只有 20 多年历史的资本市场上，公司持续多年不使用债务融资的现象说明公司采用零杠杆这样一种保守的债务融资行为不能单纯用"偶然事件"来解释，需要从更多的层面，包括公司所处地区制度背景、中国资本市场等诸多方面进行全方位的解读。

　　表 4 - 4 显示，1993 ~ 2012 年间，上市公司中连续多年采用债务保守策略公司的比例基本相似，没有太大差异，例如，连续三年采用债务保守公司的比例各年平均保持在 11% 左右，没有太大幅度的变动，说明公司采用债务保守策略在中国资本市场上是一个普遍现象，具有一定的

持续性，这与斯托布拉维和杨（2013）结论一致。迪安杰洛和罗尔（DeAngelo & Roll, 2015）[①] 的研究则表明低杠杆公司可能会保持这一资本结构一段时间，但是任何公司都不会长久的保持杠杆不变，例如，美国战后经济发展时许多公司立即放弃了债务保守策略，大举借款扩张生产。

表 4 - 4　　　　　　　1993～2012 年连续多年采用债务保守策略公司

年份	连续 2 年及以上债务保守（%）	连续 3 年及以上债务保守（%）	连续 5 年及以上债务保守（%）	公司数量（家）
1993				148
1994	18.44			244
1995	18.46	11.15		260
1996	19.72	12.68		426
1997	19.60	12.06		597
1998	20.29	12.52	5.90	695
1999	19.46	12.16	5.89	781
2000	19.23	12.31	6.26	910
2001	18.84	12.06	6.08	987
2002	18.79	11.76	5.79	1054
2003	18.87	11.36	5.64	1118
2004	18.50	11.08	5.54	1173
2005	18.33	11.00	5.46	1173
2006	18.25	10.93	5.38	1189
2007	18.23	10.84	5.34	1218
2008	18.29	10.64	5.24	1241
2009	18.28	10.63	5.23	1242
2010	18.39	10.60	5.22	1245
2011	18.28	10.53	5.19	1253
2012	16.92	9.62	4.74	1330

---

① Deangelo, H. , Roll, R. How stable are corporate capital structures? The Journal of Finance, 2015, 70 (1): 373 - 418.

4.2.1.3　IPO 上市效应

前一小节分析表明，上市公司债务保守现象随着时间的推移呈现增加的趋势。那么，这种现象是否与上市公司数量增加有关，公司首次公开募股（Initial Public Offerings，IPO）时机的选择是否可能导致债务保守公司数量增加？

图 4 - 3 是根据公司上市时间年度债务保守公司数量统计的结果，表明不同年份上市的公司采用债务保守政策的数量存在显著差异。除了1995 年，上市时间在 1993 ~ 1998 年间年度杠杆值为零的公司年份数据数量都超过了 100，最大的是 1996 年 199 个，最低的是 1994 年，也有 101个。相比其他年份，1993 年、1996 年、1997 年上市的公司中采用极端保守财务策略公司的数量很多，远远超出其他年份。1999 年上市公司中债务保守公司年度数据骤减到 69 个，到了 2000 年这一数值翻了一倍，138个。其后各年上市的公司年度数据杠杆为零的数量逐年下降。到了 2008和 2009 两年上市的公司不存在杠杆为零的公司年度数据。2010 年之后上市的公司杠杆值是零的公司年度数据又开始缓慢增加。

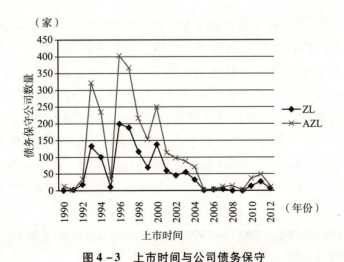

图 4 - 3　上市时间与公司债务保守

表 4 - 5 是按照公司上市年份统计了不同上市时间债务保守公司数量

占全部债务保守公司数量的比例。1996 年、1999 年上市公司中采用债务保守策略公司较多，另外 1993 年与 2000 年债务保守公司数量也不少。

表 4-5　　　　　　　　　　　公司债务保守按上市年份统计

上市年份	公司数量（家）	比例（%）	上市年份	公司数量（家）	比例（%）
1990	1	0.27	2001	18	4.86
1991	1	0.27	2002	16	4.32
1992	8	2.16	2003	18	4.86
1993	38	10.27	2004	9	2.43
1994	28	7.57	2005	1	0.27
1995	4	1.08	2006	1	0.27
1996	59	15.95	2007	2	0.54
1997	59	15.95	2010	6	1.62
1998	30	8.11	2011	12	3.24
1999	22	5.95	2012	6	1.62
2000	31	8.38	合计	370	100.00

　　自从 1990 年中国资本市场建立以来，由于受审批制和核准制的限制，各年上市公司数量存在很大差异。计划上市公司并不是满足条件就能上市，在提交了相关申请资料之后，能否上市更多与证监会的决策有关。1990~1992 年中国证券市场刚刚开始，市场处于一种自我演进、缺乏规范和监管的状态，此时以区域性市场试点为主。这一阶段 IPO 公司数量较少，主要以广东、上海、北京等省市公司为主。1992 年深圳发生投资者抗议认购证的内部交易和私自截留等舞弊问题的"8·10"事件之后，国务院在 1992 年底出台了第一个有关中国证券市场管理和发展的系统性的指导文件：《关于进一步加强证券市场宏观管理的通知》，对证券发行上市程序进行严格规范。随后的 1993 年我国公司 IPO 出现了的第一次井喷，首次上市公司数量激增，达到了 130 家之多。

　　随着资本市场的发展，中国资本市场发展的制度性缺陷和结构性矛盾也逐步开始显现。从 2001 年开始，市场步入持续四年的调整阶段，新股发行和上市公司再融资难度加大、周期变长。相比 1993 ~ 1999 年，这几年间 IPO 公司逐年递减。尤其是在国务院 2004 年发布了《关于推进资本市场改革开放和稳定发展的若干意见》之后，中国资本市场实施股权分置改革、改革发行制度等一系列的改革，使得 2005 年主板市场不仅没有 IPO 公司，甚至出现了 8 家公司退市的现象。此后，2006 ~ 2012 年，公司 IPO 数量逐年增加，但是主要集中于中小板和创业板，深圳主板市场的上市公司数量呈现下降的趋势，而沪市主板 IPO 公司的数量年平均为 17 家左右，相比中小板和创业板 IPO 公司数量要低得多（表 4 - 6）。

表 4 - 6 　　　　　　　　　　1990 ~ 2012 年 IPO 公司数量　　　　　　　单位：家

年份	全国合计	上交所	深交所	深交所		
				深主板	中小板	创业板
1990	10	8	2	2		
1991	4	0	4	4		
1992	39	21	18	18		
1993	130	77	53	53		
1994	108	65	43	43		
1995	32	17	15	15		
1996	207	105	102	102		
1997	215	90	125	125		
1998	106	55	51	51		
1999	98	46	52	52		
2000	139	88	51	51		
2001	72	74	- 2	- 2		
2002	64	69	- 5	- 5		
2003	63	65	- 2	- 2		
2004	90	57	33	- 5	38	
2005	4	- 3	7	- 5	12	
2006	53	8	45	- 7	52	
2007	116	18	98	- 2	100	
2008	75	4	71	0	71	

续表

年份	全国合计	上交所	深交所	深交所		
				深主板	中小板	创业板
2009	93	6	87	−3	54	36
2010	345	24	321	0	204	117
2011	279	37	242	−1	115	128
2012	152	23	129	−12	55	74

注：本表数据根据《中国统计年鉴2010》《上海证券交易所统计年鉴2013》《深圳证券交易所统计年鉴2013》整理获得。

对比表4-5和表4-6发现，在IPO公司数量较多的年份，采用债务保守策略的公司数量也较多，中国资本市场上市公司债务保守存在IPO上市效应。贝斯勒等（2013）对G7国家上市公司的研究发现，极端债务保守公司比例的增加与不同时期IPO公司数量有关。近年来零杠杆公司比例的急剧增加与最近几年新上市公司比较年轻，规模较小有关，这些公司没有或很少能得到债务资金的支持。

然而，中国公司债务保守与资本结构市场时机理论似乎不符。贝克尔和沃格勒（2002）指出股票市场时机对于公司实际财务政策有重要影响。当股票价值被高估时，公司倾向于增加股权资金；当股价被低估时，公司倾向于增加债务资金。股票市场价值波动对公司资本结构的影响至少持续十年，公司"资本结构的演进是过去股票市场发展的累积结果"。依据资本结构市场时机理论，2007年中国股市暴涨，公司管理者应该看准时机上市或者增发股票，其结果是降低公司资本结构值。然而，数据表明无论是当年上市公司中债务保守公司比例，还是2007年度面板数据显示的债务保守公司比例（6.49%）都不高，其值反而低于前后年份，说明公司并没有利用股票市场表现良好时增加股权资本，降低资本结构。

4.2.1.4 规模与年龄趋势

（1）年龄趋势。

贝斯勒等（2013）、斯托布拉维和杨（2013）、丹格（2013）根据公司公司上市时间计算公司年龄，指出新上市公司年轻导致了公司债务保守。采用这种办法计算中国上市公司年龄是不准确的。中国证监会规定的公司上市条件、上市公司的审核制使得很多公司不是刚成立就能上市，他们的上市时间可能远远落后于成立时间，虽然这些公司在上市前已经正常运营。所以，本书将公司年龄定义为样本公司数据统计年与公司成立之年的差值，公司年龄按照成立时间计算更精确（表4-7）。

表4-7 公司债务保守按年龄统计

年龄（年）	公司数量（家）	比例（%）	年龄（年）	公司数量（家）	比例（%）
30	1	0.08	15	71	5.77
29	1	0.08	14	78	6.34
28	1	0.08	13	84	6.83
27	2	0.16	12	77	6.26
26	2	0.16	11	66	5.37
25	4	0.33	10	66	5.37
24	8	0.65	9	62	5.04
23	7	0.57	8	60	4.88
22	10	0.81	7	50	4.07
21	34	2.76	6	47	3.82
20	66	5.37	5	55	4.47
19	55	4.47	4	52	4.23
18	49	3.98	3	48	3.90
17	55	4.47	2	34	2.76
16	58	4.72	1	27	2.20

注：表中比例是公司数量除以债务保守（零杠杆）公司总数。

从表4-7可以看出，中国上市公司年龄与债务保守公司数量之间似乎不存在必然联系。丹格（2013）研究发现债务保守公司大多是年轻的公司。中国上市公司表现出与此不同的特征。按照年龄划分，上市公司债务保守比例是倒 U 型形状（图 4 - 4）。中国公司成立时间越长，公司债务保守的比例越低；但是，成立时间越短的公司采用债务保守行为的比例也不是最高，其值低于处于中间年龄段的公司。年龄在 11 ~ 15 年之间的债务保守公司比例最高，合计为 30.57%，平均在 6% 以上。

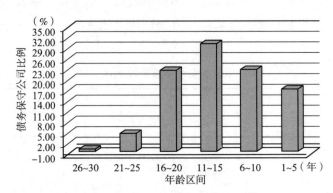

图 4 - 4　上市公司债务保守公司年龄区间

（2）规模效应。

资本结构代理成本理论和信息不对称理论指出规模影响公司杠杆选择。为了验证公司债务保守与规模之间的关系，将全部样本公司按照账面资产总额排序后三等分，分别定义为小规模组、中规模组和大规模组，分组统计各组债务保守公司比例。图 4 - 5 表明，无论是小规模组公司，还是中、大规模组公司，债务保守公司的比例都呈现出上升的趋势，尤其以小规模组公司债务保守公司比例变化显著，1993 ~ 1996 年之间表现为下降的趋势，1996 年后逐年增加，从 1993 年的 1.62% 上升到 2012 年的29.23%，平均债务保守公司比例达到 10.11%。中规模组中债务保守公司比例虽然也表现为上升趋势，但与小规模组比较起来速度明显较慢，大规模组中债务保守公司比例变化不大，大多数年份在 4.5% 左右徘徊，平均比例仅为 3.25%。同时，对债务保守公司按规模分组统计发现，整个样本期间，债务保守公司中小规模公司占到将近 32%，大规模公司仅占11.4% 左右。

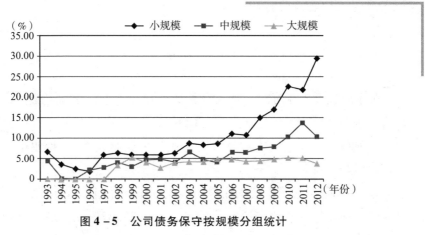

图 4 - 5 公司债务保守按规模分组统计

贝斯勒等（2013）对 G7 国家上市公司的研究结论与本书的研究结果相似（图 4 - 6）。他们发现，在所有规模组中，债务保守公司比例表现为上升趋势。大规模组中债务保守公司比例虽然也在增加，但是近些年来基本保持在 5% 左右，而中规模组中债务保守公司比例在 15% ~ 20%，小规模组这一比例则达到 20% ~ 40%。小规模公司更可能放弃使用债务融资。因此，公司规模是否真的是导致公司采用债务保守策略的因素，需要对其进行更多研究。

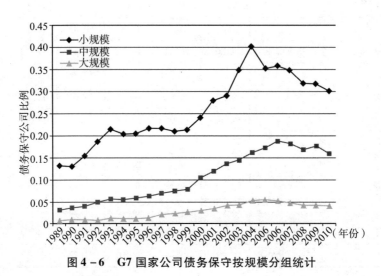

图 4 - 6 G7 国家公司债务保守按规模分组统计

注：插图来源于贝斯勒等（2013）论文。

4.2.2　公司债务保守行业分布

为了研究债务保守公司的行业构成变化，本书在剔除了金融保险业公司后，按照 2001 年中国证监会（CSRC）公布的《上市公司行业分类指引》分别统计样本公司中农林牧副渔业、采掘业等 12 个行业中债务保守公司数量与比例。

表 4 - 8 是中国上市公司中债务保守公司分行业统计结果。传播文化产业的公司采用债务保守策略的最多，达到 28.67%。传播文化业主要包括出版、广播电影电视和信息传播等，目前在中国这类行业仍然处于国家控制和保护环节，一方面这类企业通常都有得益于垄断经营的丰厚收益，另一方面公司在运营中固定资产等的投入相对较低，整个行业表现出债务保守行为公司较多并不奇怪。

表 4 - 8　　　　　　　公司债务保守分行业统计　　　　　单位：%

行业	ZL	AZL	ZLTD	AZLTD	NPND	N
农林牧副渔	5.92	11.54	26.33	66.57	18.05	338
采掘业	9.16	19.59	11.70	39.95	15.52	393
制造	6.38	13.85	22.47	60.46	9.37	10070
电力、煤气及水的生产和供应业	4.70	10.01	10.86	25.57	8.20	829
建筑业	1.40	9.5	17.04	50.28	0.00	358
交通运输、仓储业	9.35	14.62	16.73	35.05	17.39	759
信息技术	10.86	20.99	29.68	82.01	14.58	967
批发和零售贸易	7.89	17.24	32.29	70.27	6.57	1369
房地产业	5.91	9.39	19.46	39.98	3.39	1033
社会服务业	10.29	18.70	20.58	53.86	16.12	583
传播与文化产业	28.67	41.96	48.25	71.33	40.56	143
综合类	2.91	7.21	22.12	58.53	4.09	1442
总计	6.73	13.94	22.50	57.73	9.53	18284

注：表中英文符号定义与表 4 - 1 相同。

其次是信息技术业，债务保守公司平均占比是10.5%。信息技术业作为高研发投入的产业，很少使用长期负债。这一结果与提特曼和维塞尔（1988）相似。他们认为，由于产品独特和专业的公司在清算时公司客户、员工和供应商付出的成本很高，这类公司通常选择极低的负债比例。兰考尼肖科等（Lakonishok et al.，1992）[①]预测资产专用性太强的公司出售或重组时无法重新部署、调整产品种类，这类公司为了减少公司被迫出售时的折价，一般事前都会债务保守，减少公司负债值，甚至采用极端保守的财务政策。相比其他行业，信息技术产业的研究与开发投入很多，产品独特，除了风险资金的投入，这类公司通常很难获得债务资金的支持，表现出债务保守行为是不得已而为之。

债务保守公司比例最低的行业是建筑业，仅有1.5%左右的公司采用债务保守。建筑业作为资本密集型的行业，前期的高投入、设备的高价格决定了这一行业企业必然具有较高的杠杆值，公司债务保守的概率较低。中国公司债务保守与行业分布有关，这与资本结构产业组织理论似乎一致。

表4－9左半部分表明，在所有370家采用过债务保守公司中，制造业的公司最多，达到182家，占到所有债务保守上市公司数量的49%多。但是，这一数据并不具有任何意义，原因在于在中国，第二产业仍然是国民经济发展的支柱产业，在整个资本市场上，制造业上市公司所占比例非常大。然而，除去制造业，其他行业上市公司数量基本相当。这样，表中展示的信息技术业、批发零售贸易业和房地产业采用债务保守这种债务保守行为的公司数量相比其他行业就多了不少。这说明公司是否采用债务保守行为存在行业差异。

制造业内不同门类的部门之间生产差异程度很大，上市公司数量最多，本书对制造业按照二级子行业进行了细化统计（表4－9右半部分）。制造业九个子行业中，机械、设备和仪表类的债务保守公司比例最高，比例值是15.41%，这似乎与这一门类的特点相符：资产的专用性较高，员

---

①　Lakonishok，J.，Shleifer，A. and Vishny，R. W. The impact of institutional trading on stock prices. Journal of Financial Economics，1992（32）：23－43.

工拥有专有的人力资本，如果公司陷入财务困境，甚至面临被兼并或破产时，公司的客户、供应商和员工的损失成本很高。为了避免出现这种情况，这类公司通常选择极端保守的财务策略。债务保守公司比例最低的是造纸和印刷业，只占全部债务保守公司的1%。

表4-9　　　　　　　　　　公司债务保守行业分布

行业	公司数量（家）	比例（%）	制造业二级行业分类	公司数量（家）	比例（%）
农林牧副渔	7	1.89	食品、饮料	23	6.22
采掘业	12	3.24	纺织、服装、皮毛	17	4.59
制造	182	49.19	造纸、印刷	2	0.54
电力、煤气及水的生产和供应业	13	3.51	石油、化学、塑胶、塑料	31	8.38
建筑业	4	1.08	电子	12	3.24
交通运输、仓储业	21	5.68	金属、非金属	12	3.24
信息技术	32	8.65	机械、设备、仪表	57	15.41
批发和零售贸易	29	7.84	医药、生物制品	26	7.03
房地产业	25	6.76	其他制造业	2	0.54
社会服务业	19	5.14			
传播与文化产业	11	2.97			
综合类	15	4.05			
总计	370	100.00	合计	182	49.19

这一结论与斯托布拉维和杨（2013）、丹格（2013）的研究结果存在不同。他们对美国和英国债务保守公司分析发现，医疗保健行业公司债务保守现象更普遍。但是，中国公司债务保守行业分析结果表明，债务保守公司分布较广，并不仅仅局限于某个特定行业，尤其是高新技术行业。例如，中国制造业中机械、设备与仪表子行业债务保守公司比例也不低，单纯用公司所在行业无法解释公司债务保守现象。

4.2.3　公司债务保守区域分布

中国各地区之间的经济发展存在很大的差异，不同地区制度环境各有差异。为了分析公司债务保守是否存在地区差异，本书按照上市公司注册地统计不同省、市债务保守公司比例。

1986 年，国务院在制订第七个五年计划时，综合考虑全国各地区生产力发展水平、地理位置与区位特点，以及行政区划的情况，把全国大致划分为东部、中部、西部三大经济地带。2000 年，我国实施西部大开发，考虑到地区发展需要和省市经济差别，将恢复直辖市的重庆和原属于中部的内蒙古、属于东部的广西加入西部地区，并将东北地区单独划出。这样，我国的东部地区包括北京、天津、河北、上海、江苏、浙江、福建、山东、广东和海南 10 个省市，中部地区包括山西、安徽、江西、河南、湖北、湖南六个省，西部地区包括内蒙古、广西、重庆、四川、贵州、云南、西藏、陕西、甘肃、青海、宁夏、新疆 12 个省市，辽宁、吉林、黑龙江单独划分为东北地区。表 4 - 10 数据表明，上市公司数量与公司所处地域经济发展水平有关。经济越发达的地区上市公司越多，北京、上海、天津、广东、江苏、浙江六省市上市公司占到样本公司比例接近 46%。如果再加上福建、山东、河北、海南，东部地区省市上市公司占比超过58%。黑龙江、吉林和辽宁东北三省上市公司占比为 6.3% 左右，湖南、湖北、江西、山西、河南和安徽中部六省上市公司占比为 18.7% 多一点。其余西部地区 11 个省市上市公司占比为 17% 左右。

表 4 - 10　　　　　　　　　公司债务保守地区统计

地区	ZL（%）	AZL（%）	ZLTD（%）	AZLTD（%）	NPND（%）	公司数量（家）
北京	11.49	21.13	23.97	61.56	18.07	1306
天津	3.90	9.47	21.17	50.42	4.46	359
上海	4.55	11.67	25.89	64.01	7.29	2306
重庆	5.60	9.52	17.65	50.14	5.04	357

续表

地区	ZL（%）	AZL（%）	ZLTD（%）	AZLTD（%）	NPND（%）	公司数量（家）
黑龙江	9.40	13.68	24.50	56.70	6.84	351
吉林	9.35	18.98	25.21	56.37	6.80	353
辽宁	5.79	13.15	23.16	50.23	6.10	639
内蒙古	4.30	9.77	9.77	46.48	7.03	256
河北	10.16	18.72	27.54	58.82	7.22	374
山西	5.54	9.00	18.34	46.02	4.84	289
山东	8.74	17.83	22.20	59.98	11.32	892
河南	2.46	11.41	15.66	52.35	7.38	447
陕西	3.62	13.65	32.03	68.25	6.69	359
宁夏	5.56	15.87	17.46	52.38	3.17	126
甘肃	3.59	11.21	34.08	72.65	9.87	223
新疆	2.84	5.68	17.35	42.90	6.31	317
青海	0.96	1.92	14.42	32.69	0.96	104
西藏	5.04	9.24	22.69	54.62	8.40	119
四川	6.93	13.99	23.36	56.74	8.99	779
贵州	11.11	17.39	16.91	62.32	18.84	207
云南	3.73	14.55	17.54	55.60	14.18	268
广西	4.58	9.58	15.00	45.83	7.50	240
广东	7.76	14.20	20.44	57.32	10.15	2050
湖北	5.12	11.59	17.80	45.37	7.80	820
湖南	9.33	13.99	21.64	58.02	12.13	536
安徽	7.72	13.55	21.10	59.86	12.01	583
江西	5.28	13.20	16.17	46.86	12.54	303
江苏	6.87	16.12	29.52	68.96	13.57	1179
浙江	7.36	13.29	24.75	65.30	8.03	1196
福建	5.32	13.37	19.30	55.32	7.45	658
海南	9.03	19.44	20.83	42.71	10.07	288
平均	6.73	13.94	22.51	57.80	9.53	18284

注：表中英文符号定义与表4－1相同。

表4-11是370家债务保守公司按照注册地分布统计的结果。债务保守公司注册地在北京、上海、广东等经济发达省市的居多，宁夏、青海等西部经济欠发达省分公司债务保守的很少。比较而言，东部地区债务保守公司最多，占到370家公司中的61%，平均达到6.11%；东北地区次之，平均比例为2.61%；排在第三位的是中部地区的2.43%；债务保守公司比例最低的是西部地区，平均只有1.25%。公司债务保守与其所处的地区有一定关系。

表4-11　　　　　　　　债务保守公司区域统计

Panel A 分省市统计

区域	债务保守公司（家）	比例（%）	区域	债务保守公司（家）	比例（%）
北京	40	10.81	四川	16	4.32
天津	7	1.89	贵州	4	1.08
上海	36	9.73	云南	4	1.08
重庆	10	2.70	广西	4	1.08
黑龙江	6	1.62	广东	37	10.00
吉林	13	3.51	湖北	16	4.32
辽宁	10	2.70	湖南	12	3.24
内蒙古	4	1.08	安徽	12	3.24
河北	7	1.89	江西	4	1.08
山西	5	1.35	江苏	33	8.92
山东	19	5.14	浙江	27	7.30
河南	5	1.35	福建	10	2.70
陕西	6	1.62	海南	10	2.70
宁夏	1	0.27	青海	1	0.27
甘肃	6	1.62	西藏	3	0.81
新疆	2	0.54	合计	370	100.00

续表

Panel B 分地区统计

区域	债务保守公司（家）	比例（%）	平均债务保守公司（家）	平均比例（%）
东北地区	29	7.84	10	2.61
东部地区	226	61.08	23	6.11
中部地区	54	14.59	9	2.43
西部地区	51	13.78	5	1.25
合计	370	100.00		

4.3

公司债务保守特征

公司不使用债务融资、极端债务保守的状况与经典资本结构的代理理论、权衡理论不相符，这些公司不能获得债务的税收收益，无法通过债务资本的支出减少公司的自由现金流，降低管理者与股东利益不一致的代理成本，增加公司价值。

4.3.1 公司债务保守的财务特征

4.3.1.1 变量选择与定义

描述公司财务特征的变量很多，由于本书主要研究公司债务保守现象，这里我们选择影响公司资本结构的核心变量和资本结构的不同定义变量。

影响公司资本结构选择与决策的公司特征变量包括规模、成长性、盈利稳定性、资产状况等。鲍文等（Bowen et al.，1982）[1]、布雷德利等（Bradley et al.，1984）[2]、朗和马利茨（Long & Malitz，1985）[3]、凯斯特

---

[1] Bowen, Robert M., Daly, Lane A., Huber, Charles C. Evidence on the existence and determinants of inter-industry differences in leverage. Financial Management, 1982, 11 (4): 10–20.

[2] Bradley, Michael., Jarrell, Gregg., Kim, E. Han. On the existence of and optimal capital structure: Theory and evidence. Journal of Finance, 1984, 39 (4): 857–878.

[3] Long, Michael., Malitz, Ileen. The investment-financing nexus: Some empirical evidence. Midland Corporate Finance Journal, 1985 (3): 53–59.

（Kester, 1986）[1] 的研究表明公司特征影响企业对债务的使用。提特曼和维塞尔（1988）发现公司规模、盈利、产品独特性影响公司对债务资本的使用，不支持非债务税盾、波动率、抵押价值和公司未来成长性影响公司债务比。哈里斯和雷维夫（Harrsi & Raviv, 1991）[2] 对此前研究进行了详细的综述，指出杠杆与公司的有形资产、折旧、非债务税盾、未来成长机会和规模成正比；与公司收益的波动相关、与盈利能力、公司产品的独特性和研发等费用成反比。他们根据布雷德利等（1984）［BJK］[3]、卓别林斯基和尼豪斯（Chaplinsky & Niehaus, 1990）［CNI］[4]、弗兰德和哈斯布鲁克（Friend & Hasbrouck, 1988）[5]、弗兰德和朗（Friend & Lang, 1988）［FH/L］[6]、格耐德等（Gonedes et al. , 1988）［GLC］[7]、朗和马利茨（1985）［LM］[8]、凯斯特（1986）［Kest. ］[9]、凯末和索伦森（Kim & Sorensen, 1986）［KS］[10]、马什（Marsh, 1982）［Mar. ］[11]、提特曼和维塞尔（1988）［TW］的研究，整理公司特征对资本结构影响结果如表 4 - 12

---

[1]　Kester, Carl W. Capital and ownership structure: A comparison of United States and Japanese manufacturing corporations. Financial Management, 1986, 15 (1): 5 - 16.

[2]　Harris, Milton. , Raviv, Artur. The theory of capital structure. The Journal of Finance, 1991, 46 (1): 297 - 355.

[3]　Bradley, M. , Jarrell, G. , Kim, E. H. On the existence of an optimal capital structure: Theory and evidence, Journal of Finance, 1984 (39): 857 - 878.

[4]　Chaplinsky, S. and Niehaus, G. The determinants of inside ownership and leverage, 1990, Working paper.

[5]　Friend, Irwin and Joel Hasbrouck, Determinants of capital structure, in Andy Chen ed. : Research in Finance, 1988 (7): 1 - 19.

[6]　Friend, Irwin and Lang, Larry. An empirical test of the impact of managerial self-interest on corporate capital structure, Journal of Finance, 1988 (43): 271 - 281.

[7]　Gonedes, Nicholas J. , Larry Lang, and Mathias Chikaonda. Empirical results on managerial incentives and capital structure, Working paper.

[8]　Long, Michael and Ileen Malitz. The investment-financing nexus: Some empirical evidence, Midland Corporate Finance Journal, 1985 (3): 53 - 59.

[9]　Kester, Carl W. Capital and ownership structure: A comparison of United States and Japanese manufacturing corporations, Financial Management, 1986: 5 - 16.

[10]　Kim, Wi Saeng and Eric H. Sorensen. Evidence on the impact of the agency costs of debt in corporate debt policy, Journal of Financial and Quantitative Analysis, 1986 (21): 131 - 144.

[11]　Marsh, Paul, The choice between equity and debt: An empirical study, Journal of Finance, 1982 (37): 121 - 144.

所示。

表4-12　　　　　　　　　　公司特征与资本结构

公司特征	BJK	CN	FH/L	GLC	LM	Kest	KS	Mar.	TW
破产概率									
固定资产			+	+	+			+	+*
非债务税盾	+	+					—		—*
研发支出	—								
盈利能力				—	—*	+*			—
成长机会		—*				+			—
规模		—*	+*			—*	—*	+	—*
波动性		—		—		—*	+		—*
自由现金流									
独特性									—

注：根据哈里斯和雷维夫（1991）文中表4整理，其中＊表示相关文章中的结果不具有统计显著性或是较弱的统计意义。

　　陆正飞和辛宇（1998）[①]、洪锡熙和沈艺峰（2000）[②]、沈根祥和朱平芳（1999）[③] 借鉴国外研究，对中国上市公司资本结构影响因素实证分析表明，在中国，公司规模、成长性、盈利能力、非债务税盾、资产抵押价值等影响发达国家公司资本结构选择的公司特征同样对我国企业杠杆的选择有影响。吕长江和王克敏（2002）[④] 发现公司资产负债率与公司成长性（托宾Q值）正相关。黄贵海和宋敏（2004）[⑤] 研究表明，公司负债比率

①　陆正飞，辛宇．上市公司资本结构主要影响因素之实证研究．会计研究，1998（8）：34-37.
②　洪锡熙，沈艺峰．我国上市公司资本结构影响因素的实证分析．厦门大学学报（哲学社会科学版），2000（3）：114-133.
③　沈根祥，朱平芳．上市公司资本结构决定因素实证分析．数量经济技术经济研究，1999（5）：54-57.
④　吕长江，王克敏．上市公司资本结构、股利分配及管理股权比例相互作用机制研究．会计研究，2002（3）：39-48.
⑤　黄贵海，宋敏．资本结构的决定因素——来自中国的证据．经济学季刊，2004，3（1）：395-414.

与它的盈利能力、可担保价值、名义所得税率、成长性以及非债务税盾负相关；与公司规模、经营风险、管理者持股比例和机构持股比例正相关。肖作平（2002，2004）①② 表明，公司资本结构与可抵押资产价值、非债务税盾正相关。公司可抵押资产越多、非债务税盾越高，公司的资产负债率的值越大。顾乃康等（2007）③ 以 1995～2005 年中国上市公司为样本，采用 BIC 信息准则等方法对影响公司资本结构决策的 37 个变量进行统计分析，发现公司规模、盈利能力、公司成长性等是影响中国公司负债水平的核心因素。

4.3.1.2　特征描述

债务保守公司的资产负债率均值为 29.8%，低于资本市场上非金融上市公司的资产负债率的 51.9%，也明显低于发达国家公司的资本结构值（57%）和巴西等发展中国家和地区平均资产负债率 50.9%。另外，采用债务保守公司策略的公司资产负债率的差异非常大，最小的值接近于 0，公司既没有有息负债，也没有使用商业信用融资；最大值达到 162.9%，这类公司虽然没有使用任何有息债务融资，可是它在经营过程中产生的商业信用融资远高于公司资产的价值，也就是说这类公司完全依赖商业信用融资生存，各类应付款项已经超过了股权资金的百倍以上（表 4-13）。

表 4-14 显示，债务保守公司长期负债资产比均值为 0.9%，即低于源和斯万森（Nguyen & Swansons，2008）发达国家公司长期负债率 18.74%，也低于布斯等（2001）计算出的发展中国家公司长期负债率 22.4%。但是，比较债务保守公司的资产负债率和长期负债率，两者的均值离差达到 28.8%，这一数值反映了公司商业信用融资的来源主要是短期应付、预收

① 肖作平，吴世农. 我国上市公司资本结构影响因素实证研究. 证券市场导报，2002（8）：39-44.
② 肖作平. 资本结构影响因素和双向效应动态模型——来自中国上市公司面板数据的证据. 会计研究，2004（2）：36-48.
③ 顾乃康，张超，孙进军. 影响资本结构决定的核心变量识别研究. 当代财经，2007（11）：41-48.

项目上，因为中国公司长期负债合计包括长期应付款、递延所得税负债等商业信用融资，流动性负债中包括应付账款、应付工人工资等短期应付项目。这一结果也表明中国公司供应商必须关注下游企业的短期商业信用融资风险。

表 4 – 13　　　　　　　　　　　公司资本结构统计

年份	债务保守公司资产负债率	市场全部公司资产负债率	市场非金融上市公司资产负债率
1993	0. 177		
1994	0. 181		
1995	0. 227	0. 522	0. 498
1996	0. 233	0. 513	0. 490
1997	0. 174	0. 481	0. 465
1998	0. 159	0. 476	0. 461
1999	0. 188	0. 505	0. 461
2000	0. 185	0. 512	0. 451
2001	0. 192	0. 545	0. 475
2002	0. 229	0. 616	0. 493
2003	0. 222	0. 650	0. 504
2004	0. 205	0. 667	0. 525
2005	0. 245	0. 689	0. 546
2006	0. 289	0. 832	0. 562
2007	0. 340	0. 836	0. 525
2008	0. 492	0. 841	0. 547
2009	0. 305	0. 850	0. 576
2010	0. 302	0. 857	0. 577
2011	0. 286	0. 857	0. 591
2012	0. 456	0. 858	0. 601
均值	0. 298	0. 673	0. 519

注：表中数据根据《2013 中国证券期货统计年鉴》整理获得。

表 4 - 14　　　　　　　　　　债务保守公司特征

变量	符号	N	均值	标准差	最小值	最大值
资产负债率	Debt	1230	0.298	0.577	0.002	1.629
长期负债/资产	Ldebt	1230	0.009	0.074	0	2.374
净债务/资产	Ndebt	1230	0.027	0.508	-0.883	9.337
资产	Size	1230	21.346	1.393	13.076	25.813
托宾 Q 值	Q	1208	3.826	28.791	0.048	55.416
固定资产/资产	fixed	1230	0.238	0.172	0	0.836
无形资产/资产	Inasset	1230	0.036	0.063	0	0.793
折旧摊销/资产	Depre	1175	0.030	0.506	0	0.879
实际所得税率	Tax	1107	0.192	0.258	0	4.898
现金/资产	Cash	1230	0.269	0.190	0	1.401
资本支出/资产（%）	Cexp	1230	4.489	6.171	0	58.258
资产净利润率	ROA	1223	0.046	1.510	-5.298	7.696
净资产收益率	ROE	1206	0.237	3.921	-3.658	13.334
每股收益	EPS	1219	0.389	0.681	-0.950	12.820
股利分派率	Div	798	0.515	0.968	0	1.990
内部资金积累/资产	Incap	1230	0.034	29.554	0	0.792
年龄	Age	1230	11.903	5.812	1	30
市值资产负债率	Mdebt	1230	0.187	1.054	0	3.590
市值长期负债/资产	Mdebt	1230	0.007	0.098	0	3.366
市值净债务/资产	Mndebt	1230	0.043	1.33	-0.938	45.188

　　公司的现金持有比例、内部资金积累率平均值分别为 26.9% 和 3.4%，说明债务保守公司持有较高的现金比例，其现金持有量超过了公司资产的 1/5 以上。如此高的现金持有是否是公司要保持较高的财务弹性，以备未来不确定的资金需求？但是，公司非常低的内部资金积累率表明公司在未来需要资金时内源性资金供给是不足的。

　　债务保守公司的固定资产比平均值为 23.8%，无形资产比为 3.6%，表明这些公司固定资产占到了公司总资产的 1/5 以上，但是商誉、商标价值等无形资产非常少。公司托宾Q值平均达到3.826，说明债务保守公司具有良好的成长性。平均资本支出资产比是4.489%，股利支付率为51.5%。这些数据表明债务保守公司投资比较少，它们将当年公司运营产生的利润更多用于股利分配，回报股东。

债务保守公司平均资产净利率、净资产收益率分别为4.6%和23.7%，说明公司虽然没有利用有息负债利息的税盾效应增加公司收益，但是公司对商业信用融资的使用仍然使得公司股东获得了杠杆收益。

表4-15是对采用债务保守策略持续年限不同公司特征均值描述。数据表明，随着公司采用不负债年限的增加，公司的资产负债率呈现上升趋势，从一年的29.8%，两年的30.5%，到三年和五年的31%左右，即公司不使用有息债务的年限越长，商业信用融资的使用越多，公司似乎把商业信用融资作为资金的来源之一。

表4-15　　　　　　　　债务保守持续不同年限公司特征

变量	符号	债务保守	连续两年债务保守	连续三年债务保守	连续五年债务保守
资产负债率	Debt	0.298	0.305	0.317	0.313
长期负债/资产	Ldebt	0.009	0.040	0.025	0.025
净债务/资产	Ndebt	0.027	0.166	0.080	0.074
资产	Size	21.346	21.457	21.57	21.588
托宾Q值	Q	3.826	2.071	2.128	2.122
固定资产/资产	fixed	0.238	0.251	0.261	0.261
无形资产/资产	Inasset	0.036	0.034	0.029	0.028
折旧摊销/资产	Depre	-0.030	0.010	0.013	0.013
实际所得税率	Tax	0.192	0.207	0.209	0.209
现金/资产	Cash	0.269	0.194	0.222	0.223
资本支出/资产（%）	Cexp	4.489	4.159	3.925	3.957
总资产净利润率	ROA	0.046	0.043	0.047	0.048
净资产收益率	ROE	0.237	0.038	0.043	0.046
每股收益	EPS	0.389	0.270	0.313	0.320

变量	符号	债务保守	连续两年债务保守	连续三年债务保守	连续五年债务保守
股利分派率	Div	0.515	0.527	0.579	0.597
内部资金积累/资产	Incap	0.034	0.052	0.153	0.281
年龄	Age	11.903	10.895	11.037	10.908
市值资产负债率	Mdebt	0.187	0.257	0.221	0.219
市值长期负债/资产	Mdebt	0.007	0.031	0.020	0.020
市值净债务/资产	Mndebt	0.043	0.126	0.072	0.068

公司的托宾 Q 值减小，一年不使用债务公司的 Q 值是 3.826，到了连续五年不使用债务融资公司的托宾 Q 平均值就变为 2.122，下降了 1.604，说明随着公司放弃主动融资的年限增加，公司的成长性也在下降；这从公司的资本支出比也可以看出，从一年的 4.489% 下降到了五年的 3.957%。

公司盈利能力总资产净利率与它们采用债务保守策略的年限没有太大关系，但是净资产收益率明显减少，从 23.7% 降到五年的 4.6%，而每股收益也从 0.389 元/股减少到 0.32 元/股。股利支付率随着公司不负债时间的延长而增加，连续五年不负债公司的股利支付率达到了 59.7%，公司当年收益的近六成用以派发股利了。

公司年龄变化不太明显，采用债务保守策略仅一年的公司平均年龄为 11.9 年，连续两年不负债公司的年龄下降为 10.9 年，减少 1 年，连续三年、五年不使用债务融资公司的年龄相比两年的公司年龄变化不大，都是在 11 年左右。

表 4 - 16 是公司从有负债变为负债等于零时的财务特征的均值差异检验。公司将杠杆变为零时，公司的折旧与摊销资产比减少很多，下降了 16% 多，并在 1% 显著性水平下显著，公司的非债务税盾不但没有增加，反而剧烈减少，这与经典结论相反：通常，非债务税盾较多的公司倾向于减少债务的利用，而非债务税盾少的公司增加债务融资，利用债务的税盾效应，获得债务的税收收益。但是，这些公司现金持有从杠杆非零年的

20.5%显著增加到杠杆为零年的23.7%；公司的资本支出从3.365%上升到4.313%；净资产收益率从−5%急剧增加到12.7%，每股收益从之前的0.203元/股增加到0.382元/股。公司盈利能力的上升使得它们的现金充裕，而资本支出的建设和股利支付的下降又导致这些公司的现金支出减少，公司有更多的资金用于偿还债务，直至全部负债变为零。

表4–16　　　　　　　　　负债由非零转为零公司特征检验

变量	符号	杠杆等于零当年	杠杆等于零前一年	均值差值	T值
资产负债率	Debt	0.359	0.454	− 0.095	− 1.505
长期负债/资产	Ldebt	0.012	0.025	− 0.014	− 3.319 ***
净债务/资产	Ndebt	0.148	0.218	− 0.069	− 1.429
资产	Size	21.508	21.506	0.002	0.025
托宾 Q 值	Q	3.326	2.234	1.092	1.53
固定资产/资产	fixed	0.242	0.253	− 0.012	− 0.786
无形资产/资产	Inasset	0.045	0.046	− 0.002	− 0.273
折旧摊销/资产	Depre	− 0.14	0.022	− 0.163	− 2.719 ***
实际所得税率	Tax	0.155	0.159	− 0.004	− 0.079
现金/资产	Cash	0.237	0.205	0.032	2.291 **
资本支出/资产（%）	Cexp	4.313	3.365	0.948	2.256 **
总资产净利润率	ROA	0.038	0.024	0.014	1.323
净资产收益率	ROE	0.127	− 0.051	0.179	2.228 **
每股收益	EPS	0.382	0.203	0.179	3.654 ***
股利分派率	Div	0.374	0.393	− 0.019	− 0.383
内部资金积累/资产	Incap	0.034	0.012	0.022	1.357
年龄	Age	13.076	12.076	1	2.20 **
市值资产负债率	Mdebt	0.308	0.246	0.063	0.469
市值长期负债/资产	Mdebt	0	0.059	− 0.059	− 8.192 ***
市值净债务/资产	Mndebt	0.244	0.114	0.131	0.781

注：*** 、** 分别表示在1%和5%的显著性水平下显著。

表4-17公司从没有负债变为有负债时财务特征的均值差异检验。当公司杠杆从零变为非零时，长期负债率和净债务资产比均值显著增加，分别从0.77%、4.22%上升到3.7%、13.3%；资本支出增加使得公司的资产显著增加、公司规模扩张。同时，公司的现金持有从23.28%显著减少到19.2%，净资产收益率从12.7%下降到9.1%，内部资金积累从3.4%减少到1.1%。这一结果说明公司债务保守与其资本支出、自身资金产生和供给能力有关。当公司盈利下降、内部资金供给减少、资本支出增加的时候，它们会改变财务策略，增加外部债务融资。

表4-17　　　　　　　　　　负债由零转为非零公司特征检验

变量	符号	杠杆等于零当年	杠杆变为非零年	均值差值	T值
资产负债率	Debt	0.314	0.349	-0.035	-0.758
长期负债/资产	Ldebt	0.008	0.037	-0.029	-7.010***
净债务/资产	Ndebt	0.042	0.133	-0.091	-4.119***
资产	Size	21.213	21.656	-0.443	-4.124***
托宾Q值	Q	6.232	1.900	4.332	1.341
固定资产/资产	fixed	0.232	0.233	-0.002	-0.104
无形资产/资产	Inasset	0.035	0.037	-0.003	-0.500
折旧摊销/资产	Depre	-0.038	0.014	-0.053	-1.644
实际所得税率	Tax	0.208	0.207	0.001	0.027
现金/资产	Cash	0.233	0.192	0.041	2.999***
资本支出/资产（%）	Cexp	5.685	6.718	-1.033	-1.654*
总资产净利润率	ROA	-0.070	0.059	-0.129	-0.768
净资产收益率	ROE	0.127	0.091	0.036	1.084
每股收益	EPS	0.348	0.329	0.019	0.573
股利分派率	Div	0.598	0.466	0.132	1.213
内部资金积累/资产	Incap	0.034	0.011	0.023	-1.704*
年龄	Age	10.206	11.145	-0.939	-2.000**
市值资产负债率	Mdebt	0.163	0.234	-0.071	-4.693***
市值长期负债/资产	Mdebt	0.005	0.028	-0.023	-6.580***
市值净债务/资产	Mndebt	0.035	0.1	-0.065	-3.656***

注：***、**、*分别表示在1%、5%和10%的显著性水平下显著。

债务保守公司存在支付股利和不支付股利两种现象，表4-18是对债务保守公司是否支付股利分类后公司财务特征均值差异的比较。支付股利与不知股利的债务保守公司在净债务资产比、资产数量、固定资产资产比、无形资产资产比、现金持有、资本支出、折旧摊销额、实际所得税率、每股收益和内部资金积累率方面存在显著差异。相比不支付股利的债务保守公司，支付股利的债务保守公司更年轻，内部资金积累较多，现金持有和资本支出都高，规模较大。支付股利债务保守公司具有较好的经营表现，更愿意回报股东。

表4-18　　　　　　　　支付股利与否债务保守公司特征检验

变量	符号	支付股利	不支付股利	均值差值	T值
资产负债率	Debt	0.248	0.263	-0.015	-1.102
长期负债/资产	Ldebt	0.006	0.009	-0.004	-1.517
净债务/资产	Ndebt	-0.05	0.046	-0.096	-3.466***
资产	Size	21.751	20.869	0.883	10.288***
托宾Q值	Q	1.984	6.508	-4.524	-1.5464
固定资产/资产	fixed	0.255	0.236	0.019	1.660*
无形资产/资产	Inasset	0.029	0.041	-0.012	-2.748***
折旧摊销/资产	Depre	0.024	-0.067	0.092	2.564**
实际所得税率	Tax	0.201	0.169	0.033	3.1494***
现金/资产	Cash	0.284	0.256	0.028	2.127**
资本支出/资产（%）	Cexp	5.267	4.197	1.070	2.496**
总资产净利润率	ROA	0.089	0.061	0.028	0.797
净资产收益率	ROE	0.103	0.073	0.030	1.114
每股收益	EPS	0.544	0.226	0.318	9.228***
股利分派率	Div	0.611	0	0.611	15.441***
内部资金积累/资产	Incap	0.22	0.057	0.167	1.937*
年龄	Age	10.779	13.186	-2.408	-5.867***
市值资产负债率	Mdebt	0.165	0.141	0.024	2.089**
市值长期负债/资产	Mdebt	0.004	0.006	-0.002	-0.951
市值净债务/资产	Mndebt	-0.027	0.036	-0.063	-2.811***

注：***、**、*分别表示在1%、5%和10%的显著性水平下显著。

4.3.2　公司债务保守的治理特征

公司治理是指在现代企业所有权与经营权两权分离的情况下，公司通过一定的制度安排，合理界定所有者与管理者之间的权利义务关系，监督和激励管理者实现股东利益最大化的目标。杰尔森和罗伊（Gilson & Roe，1993）①、吴敬琏（1996）② 指出实现公司治理的关键是公司所有者、董事会、管理层之间的权力相互制衡。阿加瓦尔和曼德尔科（Agarwal & Mandelker，1987）③ 的研究发现公司所有权与资本结构正相关，股权的不同分配对公司管理者的激励作用存在差异，进而影响公司资本结构决策有着重要影响。弗伦德和朗（Friend & Lang，1988）④ 的结论相反，他们发现大股东持有比经理人更分散的投资组合（相对少的风险厌恶），他们更偏好使用债务作为控制经理代理成本的机制，以约束经理人的自利行为，激励经理人努力工作。但是，管理者为了保护自身利益不受损害，即使持股比例较高，也会选择较低的资产负债率，管理者持股比例与公司资本结构负相关。法玛和詹森（Fama & Jensen，1983）⑤ 指出内部人持股比例的增加产生逆向防御垫壕效应，这可能导致外部股东费用中的经理机会主义增加。因此，大股东倾向于增加公司债务，加强对经理的控制。施莱费尔和维什尼（Shleifer & Vishnev，1986）⑥ 表明外部大股东通过加强对公司的监控经理的机会主义幅度，降低经理和股东间的代理冲突，减少代理成本。但是，随着大股东持股比例的增大，其投票权和对公司的控制权也增

① Gilson, R. J., Roe, M. J. Understanding the Japanese Keiretsu: Overlaps between corporate governance and industrial organization. Yale Law Journal, 1993, 102 (4): 871-906.
② 吴敬琏. 建立有效的公司治理结构. 天津社会科学, 1996 (1): 16-18.
③ Agrawal, Anup., Mandelker, Gershon. Managerial incentives and corporate investment and financing decisions, Journal of Finance, 1987 (42): 823-837.
④ Friend, Irwin., Lang, Larry. An empirical test of the impact of managerial self-intereston corporate capital structure, Journal of Finance, 1988 (43): 271-281.
⑤ Fama, E., Jensen, M. Separation of ownership and control. Journal of Law and Economics 1983, 26 (2): 301-325.
⑥ Shleifer, A., Vishny, R. W. Large shareholders and corporate control. Journal of Political Economy, 1986, 94 (3): 461-488.

大，更具能力控制管理者的行为。此时，大股东为了避免债务的租金，减少公司负债，以谋取自身利益的最大化。

表4-19描述了债务保守公司的治理特征。董事会平均有8~9个人，独立董事人数平均是3人，上市公司基本是按照国家法律规定设置独立董事人数，委员会数量。但是，第一大股东持股比例平均达到38%，超过了国家规定的33%，也远远超过第二到第十大股东持股比例之和。同时，公司董事会持股比例仅有1.36%，监事会持股比例更少，只有很小的0.02%。高度集中的股权结构导致第一大股东实际掌握着公司的经营决策控制权。

表4-19 债务保守公司治理特征描述

变量	均值	标准差	极小值	极大值
股权集中度	37.993	15.637	5.828	81.818
S指数	17.577	12.007	0	63.558
委员会数量	3.447	1.262	0	5
董事人数	8.736	2.079	0	17
独立董事人数	3.100	0.721	0	6
监事会持股	0.020	0.147	0	2.036
管理者持股	0.573	4.004	0	55.581
管理者薪酬	12.668	0.936	8.793	14.675
管理者年龄	46.954	6.504	26	67
教育背景	1.174	1.698	0	5

管理者平均持股比例仅为0.57%，最大值是55.58%，最小值是0，表明中国A股主板上市公司管理者持有比例非常低，他们的个人利益与公司股东利益的一致性较差，如果公司治理不到位，容易产生代理成本。管理者平均薪酬是31.98万元，最低的不到1万元，最高的接近240万元。总体看来，相比发达国家上公司管理者动辄百万、千万的薪酬，中国上市公司管理者薪酬并不高，这主要是由于上市公司中一方面国有公司居多，而国有公司员工薪酬通常受到诸多因素的限制；另一方面许多上市公

司的管理者身兼集团的董事长等职务，他们的薪酬更多在集团公司领取，在上市公司中甚至仅领取一份津贴。管理者平均年龄不到 47 岁，最小的属于少壮派，只有 26 岁，最大年龄的接近古稀，岁数是 67 岁；他们平均受教育程度达不到大专水平。

表 4 – 20 是性别不同管理者管理的债务保守公司的治理特征比较。男性管理者管理的公司股权集中度低于女性管理者管理的公司，第一大股东持股比例比女性 CEO 管理的公司少 5.5% 左右，而其公司第二大股东至第十大股东持股比例之和又显著高于女性管理者管理的公司。男性管理公司中董事会持股比例远高于女性管理的公司。但是，男性管理者管理的公司的独立董事人数均值只有 3 左右，低于女性管理的公司。从管理者个人特征来看，相比女性管理者，男性管理者的年龄要小，并且具有更多的兼职机会，两者差异都具有统计显著性。中国债务保守公司管理者的持股比例、薪酬多少和教育背景不存在性别差异。

表 4 – 20　　　管理者性别不同的债务保守公司治理特征差异

变量	男性	女性	均值差值	T 值
股权集中度	37.653	43.186	– 5.533	– 2.201 **
S 指数	17.866	13.169	4.696	3.119 **
委员会数量	3.465	3.171	0.294	1.447
董事人数	8.727	8.878	– 0.151	– 0.451
独立董事人数	3.075	3.488	– 0.413	– 3.077 ***
董事会持股	1.442	0.033	1.409	4.721 ***
监事会持股	0.021	0.007	0.014	0.605
管理者持股	0.610	0.010	0.600	0.929
管理者薪酬	12.655	12.860	– 0.205	– 1.361
管理者年龄	46.827	48.878	– 2.051	– 1.960 *
管理者教育背景	1.173	1.195	– 0.023	– 0.083

注：*** 、** 、* 分别表示在 1%、5% 和 10% 的显著性水平下显著。

表 4 – 21 是不同股利支付方式债务公司治理特征比较。相比不支付股

利的债务保守公司，支付股利公司的第一大股东持股比例要高、董事人数、独立董事人数和高管人数多、但是董事会设立专门委员会的数量少。因此，可以推测，支付股利的债务保守公司的管理者受到的监督较多。

表4－21　　　　　　　　股利支付与否债务保守公司治理特征差异

变量	支付股利	不支付股利	均值差值	T值
股权集中度	42.33	33.233	9.098	7.838***
S指数	17.431	17.738	－0.307	－0.331
委员会数量	3.327	3.579	－0.252	－2.604***
董事人数	9.347	8.066	1.281	8.344***
独立董事人数	3.272	2.912	0.360	6.642***
董事会持股	1.405	1.300	0.105	0.187
监事会持股	0.034	0.005	0.030	2.730***
管理者持股	0.573	0.574	－0.001	－0.003
管理者薪酬	12.955	12.352	0.603	8.717***
管理者年龄	47.507	46.346	1.161	2.310**
管理者教育背景	1.138	1.214	－0.076	－0.579

注：***、**分别表示在1%和5%的显著性水平下显著。

支付股利的债务保守公司的管理者薪酬显著高于不支付股利公司管理者，两者均值相差二十万八千多元。并且，两类公司管理者的年龄也存在显著差异，支付股利的债务保守公司管理者平均年龄是47.5岁，不支付股利公司管理者年龄要小，平均是46.3岁，两者相差一岁多。相比不支付股利公司的管理者，支付股利债务保守公司管理者的兼职较少。

4.4

本 章 小 结

本章首先对公司债务保守现象的存在性和持续性进行了研究，从时间趋势、上市效应、公司年龄、行业效应和地区特征等方面分析公司债务保守现象。结果发现，中国上市公司债务保守不是暂时的，是一种长期、持续的现象。1993~2012 年间，采用债务保守策略公司的比例呈现上升的趋势，许多公司连续多年采用债务保守融资策略。

公司注册地位于不同行政区划中的公司，债务保守公司比例存在显著差异，公司债务保守与行业差异有关。公司上市时间和公司年龄无法完全解释债务保守公司数量的增加。并不是每一个新上市公司在上市当年不使用负债，也就是说上市年份与债务保守公司数量的增加之间不存在明显的同一变化趋势。相反，在不同年份上债务保守公司比例的增加并不相同。公司年龄与债务保守公司数量表现为倒 U 型关系。

债务保守公司的财务特征与治理特征分析表明，债务保守公司的托宾 Q 较大，具有较高的成长性；公司的资产净利率较高，并持有较多现金余额。同时，公司股权集中度较高，第一大股东持股比例远高于其他股东持股比例，公司董事会、管理者持股比例较低。

如何解释公司债务保守的融资行为呢？与发达国家不同的社会经济制度和资本市场发展史是否能解释中国上市公司债务保守现象呢？债务保守公司的特征是其融资决策的必然结果？还是公司的自然选择？这些问题将是第 5 章的研究内容。

第5章

公司债务保守成因分析

贝斯勒等（2013）、德沃斯等（2012）、斯托布拉维和杨（2013）、唐（2013）等对发达国家公司债务保守研究发现，财务弹性、融资受限、管理者防御假说能够部分解释发达国家公司债务保守的现象。那么，这些假说是否同样适用于中国上市公司的债务保守？中国经济社会发展的阶段性和公司融资环境、制度背景是公司债务保守融资决策的决定因素吗？

5.1
研究样本与模型

5.1.1 样本构建与描述

为了更精确地描述公司采取债务保守融资策略的原因，本章在样本构建时采用了匹配样本的方法进行研究。

首先，在剔除后的 1993 ~ 2012 年沪深两市 A 股主板上市 18294 家公司集合中，筛选出杠杆值大于 0.3 的所有公司作为匹配公司取样的集合，得到 6207 家公司。确定杠杆值大于 0.3 的公司作为匹配公司集合主要是考虑中国上市公司平均杠杆值为 0.243，研究对象杠杆大于 0.3、高于上市公司杠杆均值有利于数据的对比，更易识别导致公司债务保守的因素。

　　然后，参考法玛和弗锐驰（Fama & French，1992）①、李和莫恩（2011）的匹配样本确定办法，在筛选出的杠杆公司集合中，根据日历年份、行业、规模匹配的原则，为筛选出的 1230 家债务保守按照 1∶1 标准匹配杠杆公司。行业依据中国证监会行业分类标准，包括农林牧副渔业、采掘业、制造业、建筑业、地电力煤气及水的生产供应业、信息技术业、交通运输仓储业、批发和零售贸易业、房地产业、社会服务业、传播与文化产业和综合类；公司规模依据公司的账面资产值。考虑到中国证券市场上制造业上市公司较多，并且制造业各二级代码分类下的公司规模、业务类型与生产特点存在较大差异，本书对制造业首先采用二级代码匹配，如果无法获得匹配的对照公司，再放松条件按照一级代码确定匹配公司；其他行业是根据一级代码进行行业匹配的。由于公司控股权比例统计数据最早始于 2004 年，最终样本中共包含 2004～2012 年 1334 家公司：债务保守公司和杠杆公司各 667 家。

　　样本数据来自 CSMAR 数据库。其中，公司管理者性别、年龄、持股比例、薪酬等信息通过手工收集整理。如果数据库中缺少相关管理者的信息，则通过在巨潮资讯网和新浪财经查询相关公司，补充数据。

　　所有债务保守公司中，国有与非国有控股公司所占比例分别为 35.8%和 64.2%，相比国有控股公司，非国有控股公司更多采用债务保守行为，使用债务保守策略。国有、非国有控股债务保守公司比例的差异反映了我国公司资本市场的特点。在中国，相比股票市场，债券市场显得极不发达，公司债务融资主要依赖银行贷款等间接融资手段，国有控股公司背后国家信用的支持使得它们比非国有控股公司更容易获得债务融资。因此，相比国有控股公司，非国有控股公司更少采用负债融资，它们更可能使用债务保守这种极端保守的财务策略。同时，由于我国产业结构的特点以及上市公司中制造业公司较多等因素，不同行业债务保守公司数量存在显著差异，表现为样本债务保守公司中制造业公司占比达到 51%，超过一半。另外，批发零售业和信息技术业债务保守公司较多，占比分别为 11.5%

　　①　Fama, E., French, K. Common risk factors in the returns on stocks and bonds. Journal of Financial Economics, 1993 (33): 3-56.

和10.2%的结果也表明我国资本市场与其他国家市场具有相似的情况：固定资产投资较少或技术含量高的行业中债务保守公司相对较多；建筑业的高资本投入决定了此行业内的公司杠杆较高，采用极端保守债务融资策略的公司非常少（表5－1和表5－2）。

表5－1 样本公司统计 单位：家

年份	非国有控股	国有控股	合计
2004	1	0	1
2005	1	58	59
2006	68	2	70
2007	61	0	61
2008	69	5	74
2009	78	0	78
2010	28	71	99
2011	2	101	103
2012	120	2	122
合计	428	239	667

表5－2 样本行业分布 单位：%

Panel A 按行业统计

行业	公司性质		合计
	非国有	国有	
农林牧副渔	0.45	0	0.45
采掘业	1.80	0.30	2.10
制造业	31.63	19.49	51.12
电力、煤气及水的生产和供应业	1.05	0.45	1.50
建筑业	0	0.15	0.15
交通运输、仓储业	3.45	2.10	5.55
信息技术	6.90	3.30	10.19

续表

Panel A 按行业统计

行业	公司性质		合计
	非国有	国有	
批发和零售贸易业	7.20	4.35	11.54
房地产业	3.60	1.65	5.25
社会服务业	3.45	1.35	4.80
传播与文化产业	2.25	1.35	3.60
综合类	2.40	1.35	3.75
合计	64.18	35.84	100.00

Panel B 按股利支付方式统计

支付股利与否	公司性质		合计
	国有	非国有	
支付股利	19.05	33.13	52.17
不支付股利	16.79	31.03	47.83
合计	35.84	64.16	100.00

通常，公司运行成熟、盈利稳定时都会给股东发放股利，股利支付一方面可以回报股东，另一方面也表明公司业绩较好，有利于提升投资者对公司的信心。表 5-2 中 Panel B 结果显示，样本债务保守公司中，控股权差异不影响公司股利支付，国有和非国有控股债务保守公司支付股利公司占所在控股权公司数量的比例都是 53% 左右，略高于不支付股利公司比例。

5.1.2 模型选择

根据样本构建特点，本章采用独立样本单变量 T 检验方法检验债务保守公司与匹配杠杆公司特征均值的差异，判别导致公司债务保守的原因。

选择 Logistic 回归模型对数据进行分析。与线性回归相比，Logistic 回归变量的选择具有更多的广泛性；模型的预测精度更高。并且现有公司金融研究文献的经验表明 Logistic 模型的解释变量可以是财务指标及其偏差，也可以是表示公司属性的指标，例如公司的成立时间等，可采用相关变量对应的虚拟变量。

$$Logit(P) = \beta_0 + \beta_i X_i + \gamma_i Control_i + \varepsilon_i \qquad (5.1)$$

$$P(Y = 1/X = x) = \frac{e^{x'\beta}}{1 + e^{x'\beta}}$$

模型（5.1）中的因变量采用二分类变量，当公司杠杆为零时定义为1，公司杠杆不为零时定义为0。

自变量中，X_i 表示影响公司资本结构选择公司特征变量，反映公司融资受限、信息不对称等特征；Control 是影响公司杠杆的其他控制变量；ε 为残差项。

在进行 Logistic 回归时，选择 Hosmer – Lemeshow 检验来检验回归模型的拟合优度。1989 年，Hosmer 和 Lemeshow 提出了一种针对 Logistic 回归模型拟合优度检验的统计方法，后人将其称为 Hosmer – Lemeshow 拟合度检验。Hosmer – Lemeshow 拟合度检验常用于检验风险预测模型，用它来评价模型中子样本中观察到的事件发生概率是否与预期事件发生概率相匹配。Hosmer – Lemeshow 检验公式：

$$H = \sum_{g=1}^{G} \frac{(O_g - E_g)^2}{N_g \pi_g (1 - \pi_g)} \qquad (5.2)$$

这里，O_g、E_g、N_g 和 π_g 分别表示观察到的事件、期望事件、观察值和第 g 个十分位组的预测风险。G 表示分组个数。该检验近似服从自由度8 的 χ^2 分布。

与其他统计检验相反，Hosmer – Lemeshow 检验要求检验概率 P 值越大越好，当 P > 0.1 是表示模型的拟合优度很好。[①]

5.2

融资约束、财务弹性与公司债务保守

在第 3 章文献述评中已经指出，现有公司债务保守的原因包含以下几

---

① Hosmer, D. W. , Lemeshow, S. Applied logistic regression. New York：Wiley, 2013.

种：公司处于融资受限的状态，或者公司为了保留财务弹性，关于管理者防御的假说这没有形成统一意见。本节对此进行检验。

5.2.1 变量选择

布莱恩（Byoun，2011）[①] 认为现金持有量多少能够反映企业的财务弹性，它的大小对公司资本结构影响有重要影响。道劳比等（Darabi et al.，2013）[②] 以公司现金持有的变化除以公司资产作为财务弹性的替代变量。迪安杰洛等（DeAngelo et al.，2006）[③] 发现企业现金持有量、股利支付率等财务指标的变化与企业财务弹性供给有关，影响企业的融资决策。本书选择公司现金持有量作为财务弹性替代指标。

哈德洛克和皮尔斯（Hadlock & Pierce，2010）[④] 发现，规模越小、与外部资金市场之间的信息不对称程度越高的公司越不容易获得外部融资。成立时间短的公司向外部投资者传递信息的渠道不通畅，更可能面临融资约束。本米莱克和伯格曼（Benmelech & Bergman，2009）[⑤] 以公司有形资产作为融资受限的替代变量，发现有形资产少的公司因为资产的替代效应更乐于少负债。因此，本书选择公司规模和年龄作为公司融资受限的替代变量。

奥特曼（Altman，1968）[⑥]、布劳和福勒（Blau & Fuller，2008）[⑦]、马

---

① Byoun, S. Financial Flexibility and Capital Structure Decision. SSRN, working Paper, 2011.

② Darabi, R., Mohamadi, S., Ghasemi, A., Forozan, S. The relationship between financial flexibility and capital structure decisions. Research Journal of Applied Sciences, Engineering and Technology, 2013, 5 (14): 3843 – 3850.

③ DeAngelo, H., L. De Angelo, Stulz, R. Dividend policy and the earned/contributed capital mix: A test of the lifecycle theory. Journal of Financial Economics, 2006, 81 (2): 227 – 254.

④ Hadlock, C. J., Pierce, J. R. New evidence on measuring financial constraints: Moving beyond the KZ index. The review of financial studies. 2010, 23 (5): 1909 – 1940.

⑤ Benmelech, E., Bergman, N. Collateral pricing. Journal of Financial Economics, 2009, 91 (3): 339 – 360.

⑥ Altman, Edward I. Financial ratios, discriminant analysis and the prediction of corporate bankruptcy. The Journal of Finance, 1968, 22 (4): 589 – 609.

⑦ Blau, B. M., Fuller, Kathleen P. Flexibility and dividends. Journal of Corporate Finance, 2008 (14): 133 – 152.

春爱（2010）[1] 利用 Z 分数作为企业外部融资成本的替代。Z 分数值越高，公司面对的再融资约束越少，外部融资成本越低。Z 分数低的公司面临更高的财务困境成本，这使得它们减少债务的使用。本书选择 Z 分数作为破产成本替代变量。Z 分数值计算参考奥特曼（1968）。

资本支出的多少反映了公司当前的投资能力。本书将公司资本支出与行业均值比较，如果公司的资本支出低于行业均值这认为企业存在投资不足，用 x 虚拟变量 1 表示，否则用虚拟变量 0 表示。

高成长的公司有投资不足的现象，而托宾 Q 值通常用来表示公司的成长性。本书选择托宾 Q 作为投资不足的替代指标。

5.2.2 实证结果分析

5.2.2.1 单变量检验

表 5-3 单变量均值差异检验表明，债务保守公司规模、年龄、现金持有、成长性、盈利能力等与对照的杠杆匹配公司都存在显著差异。相比杠杆公司，债务保守公司规模更小、公司更年轻；盈利更多、拥有更多的成长机会，但是公司的投资明显较少；公司持有更多的现金、内部资金的积累率较高；公司的可抵押资产和无形资产都较少、非债务税盾较多、外部融资成本较低。由此可知，与杠杆公司相比，债务保守公司存在着较高的信息不对称性，融资约束也较明显，在资本市场上的信用较低。

表 5-3 债务保守与杠杆公司均值差异

变量	符号	债务保守公司	杠杆公司	均值差异	T 检验
规模	Size	21.528	21.851	-0.323	-4.285***
成长性	Growth	4.902	1.934	2.960	2.017**
可抵押资产	Fixed	0.214	0.317	-0.103	-10.697***

---

① 马春爱. 企业财务弹性指数的构建及实证分析. 系统工程, 2010 (10): 61-66.

续表

变量	符号	债务保守公司	杠杆公司	均值差异	T 检验
无形资产	Inasset	0.044	0.057	-0.013	-3.106 ***
现金持有	Cash	0.289	0.111	0.178	22.104 ***
资本支出	CapEx	3.922	5.871	-1.948	-6.385 ***
盈利能力	Profit	0.141	-0.122	0.263	2.504 **
实际所得税率	Tax	0.197	0.280	-0.083	-1.988 **
公司年龄	Age	14.756	15.397	-0.642	-2.755 ***
内部资金积累	Incap	-2.666	-0.216	-2.450	-2.055 **
非债务税盾	Depre	0.0418	0.022	0.019	-2.961 ***
股利支付率	Div	0.471	0.606	-0.136	-1.094
外部融资成本	Z – score	0.556	1.332	-0.776	6.647 ***

注：*** 、** 分别表示在1%和5%的显著性水平下显著。

　　表5-4是不同控制权公司的单变量均值差异检验。国有和非国有控制权的债务公司在规模上存在显著差异，国有债务保守公司规模明显大于非国有公司。但是，相比非国有控股的债务保守公司，国有公司的盈利能力较差，年平均净资产收益率仅有9.5%，而非国有控股公司的平均值是16.6%。同时，非国有债务保守公司的外部融资成本显著高于国有公司，这一结果解释了为何债务保守公司中非国有控股公司多，公司控制权是导致其采用债务保守政策的原因之一。

　　从同样控制权公司分析结果看，国有债务保守公司和国有杠杆公司、非国有债务保守公司和非国有杠杆公司的特征都存在显著差异。对比看来，无论是国有、还是非国有债务保守公司，相比对应的杠杆公司，都显得年轻、规模小；拥有更多的成长机会、用于投资的资本支出较少；持有更多的现金、可抵押资产少、盈利能力弱。

　　表5-5是不同股利支付方式公司单变量均值差异检验结果。支付股利公司组中，相比杠杆公司，债务保守公司规模较小、可抵押资产少；拥有更多成长机会、持有更高的现金余额；用于投资的资本支出少。不支付股利公司组中，债务保守公司比杠杆公司年轻、可抵押资产少、规模小；盈

表5-4　　不同控制权公司均值差异

变量	符号	非国有债务保守公司 (1)	非国有杠杆公司 (2)	国有债务保守公司 (3)	国有杠杆公司 (4)	(3) 和 (1) 均值差异 T 检验	(3) 和 (4) 均值差异 T 检验	(1) 和 (2) 均值差异 T 检验
规模	Size	21.444	21.753	21.677	22.010	1.973**	-2.729***	-3.2499***
成长性	Growth	6.134	1.900	2.697	1.989	-1.121	2.533**	1.851*
可抵押资产	Fixed	0.212	0.323	0.216	0.307	0.243	-5.720***	-9.100***
无形资产	Inasset	0.047	0.060	0.039	0.052	-1.554	-2.198**	-2.320**
非债务税盾	Depre	-0.038	0.019	-0.021	0.028	0.432	-1.543	-2.591***
现金持有	Cash	0.284	0.111	0.297	0.112	0.883	14.258***	17.012***
资本支出	CapEx	3.936	5.642	3.897	6.245	-0.106	-4.461***	-4.584***
盈利能力	Profit	0.166	0.209	0.095	0.015	-2.167**	3.758***	2.198**
实际所得税率	Tax	0.198	0.284	0.195	0.273	-0.126	-1.136	-1.506
公司年龄	Age	14.888	15.297	14.519	15.561	-1.014	-2.705***	-1.395
内部资金积累	Incap	-3.672	-0.243	-0.865	-0.172	1.402	-0.781	-1.889*
非债务税盾	Depre	-0.038	0.019	-0.021	0.028	0.432	-1.543	-2.591**
股利支付率	Div	0.499	0.793	0.436	0.457	-0.583	-0.116	-1.736***
外部融资成本	Z - score	0.479	1.239	0.701	1.688	1.719*	-2.844***	-3.812***

注：***、**、* 分别表示在1%、5%和10%的显著性水平下显著。

表 5—5　不同股利支付方式债务保守公司与杠杆公司均值差异

变量	符号	支付股利杠杆公司 (1)	不支付股利杠杆公司 (2)	支付股利债务保守公司 (3)	不支付股利债务保守公司 (4)	(3) 和 (1) 均值差异 T 检验	(3) 和 (4) 均值差异 T 检验	(2) 和 (4) 均值差异 T 检验
规模	Size	22.485	21.551	22.043	20.962	−4.153***	10.179***	9.283***
成长性	Growth	1.476	2.151	2.336	7.719	8.287***	−1.749*	−5.464***
可抵押资产	Fixed	0.341	0.305	0.218	0.208	−7.881***	0.833	2.296**
无形资产	Inasset	0.053	0.059	0.036	0.053	−2.455**	−2.998***	−0.862
非债务税盾	Depre	0.027	0.020	0.020	−0.089	−3.588***	2.921***	1.319
现金持有	Cash	0.123	0.106	0.313	0.263	18.248***	3.496***	2.123**
资本支出	CapEx	7.798	4.960	4.513	3.274	−6.654***	3.541***	5.430***
盈利能力	Profit	0.086	−0.232	0.135	0.148	7.493***	−0.306	2.024**
实际所得税率	Tax	0.309	0.260	0.202	0.191	−1.655*	0.435	0.569
公司年龄	Age	14.528	15.808	14.089	15.487	−1.197	−4.048***	−3.917***
内部资金积累	Incap	0.12	0.226	0.265	0.084	17.356***	2.472**	1.255
非债务税盾	Depre	0.027	0.020	0.020	−0.089	−3.588***	2.921***	1.32
股利支付率	Div	0.929	0	0.602	0	−1.821*	8.840***	0
外部融资成本	Z－score	0.554	1.306	2.920	0.601	6.423***	−1.914	−0.213

注：***、**、* 分别表示在 1%、5% 和 10% 的显著性水平下显著。

利多、持有更多的现金余额、投资性的资本支出少。债务保守公司组中，与支付股利的公司相比，不支付股利的公司规模更小、公司可抵押资产少、具有较高的成长机会；现金持有率高、资本支出少。

综上分析，与杠杆公司相比，债务保守的公司更年轻、规模较小，这些特征使得它们在资本市场上存在较高的信息不对称，公司在获得外部融资时面临较高的融资约束，不容易获得外部资金支持。这一结论支持了公司债务保守的融资约束假说。而债务保守公司盈利能力好、持有更多的现金余额说明公司债务保守是为了保留较高的财务弹性。这些公司不使用债务融资、减少资本支出、持有较多的现金余额都是为了保留融资能力、应对未来不确定的资金需求。

5.2.2.2　回归结果分析

表 5 - 6 是全样本回归结果。所有公司年龄的回归系数都是负的，具有统计显著性；公司规模的回归系数为负且具有统计显著性；公司外部融资成本越高，采用债务保守策略的概率越高。这一结果表明公司年龄越大、规模越大或两者都大的公司越不可能采取债务保守的融资策略，这与假设：公司债务保守是因为它们受到融资约束、无法获得外部资金支持相符。

表 5 - 6　　　　　　　　　　　　回归结果

变量	符号	(1)	(2)	(3)
规模	Size	- 1.262	- 1.046	- 1.055
		6.894 ***	10.064 ***	5.847 **
成长性	Growth	0.458	0.188	
		2.455	0.447	
可抵押资产	Fixed	- 6.966	- 5.400	- 5.492
		3.968 **	4.977 **	3.147 *
无形资产	Inasset	1.601	- 3.462	
		0.034	0.361	

续表

变量	符号	（1）	（2）	（3）
现金持有	Cash	13.804 10.546 ***	9.547 11.286 ***	12.102 10.079 ***
资本支出	CapEx	−0.315 6.381 **		−0.292 7.551 **
盈利能力	Profit	21.282 8.846 ***	7.422 2.167	16.248 7.041 **
股利分派率	Div	3.971 13.462 ***	2.903 8.610 ***	3.693 13.132 ***
实际所得税率	Tax	−9.388 4.712 **	−2.269 0.995	−9.619 4.922 **
公司年龄	Age	−0.445 6.396 **	−0.283 6.399 **	−0.398 6.228 **
内部资金积累	Incap	38.663 15.848 ***	24.497 19.522 ***	33.990 18.589 ***
非债务税盾	Depre	9.199 0.121	2.840 0.017	−2.148 0.008
外部融资成本	Z – score	2.149 7.282 ***	1.714 9.585 ***	1.974 6.891 ***
常数	Con	25.410 5.574 ***	21.897 8.654 ***	20.854 4.384 **
H – L 检验		2.254	1.849	1.652

注：***、**、* 分别表示在 1%、5% 和 10% 的显著性水平下显著。

公司盈利能力、内部资金积累率与现金持有比例系数均为正，在 1% 或 5% 的显著性水平下显著，表明具有更好的盈利水平、内部资金积累充分和现金充裕的公司采用债务保守融资策略的概率更大。这些公司内部产生资金能力强，减少了它们对外部资金来源，尤其是债务资金的依赖，避免了债务利息等租金的损失。成长机会系数是正的，但是不显著。单变量检验表明公司债务保守时的托宾 Q 值较高，这些公司有较高的成长性，面临有利的投资机会较多。成长机会多、现金持有多的公司采用债务保守的概率高，说明债务保守公司放弃债务融资、保留较高的财务弹性，以便在未来有利投资机会出现时能迅速筹集到资金。

可抵押资产越多的公司采用债务保守融资策略的概率越小，可抵押资产越多的公司越不可能放弃债务融资。拥有较多可抵押资产使得这些公司在资本市场上的信息不对称程度低，具有较高的市场信誉，它们能以较低的成本通过借贷获得资金。另外，在一定程度上可抵押资产越多的企业能减缓债务的代理成本，防止资产的替代效应发生，公司破产时的清算价值较高，公司预期破产成本较小，债权人敢于借给它们更多资金。

非债务税盾与公司债务保守策略负相关，但是不显著，这与哈里斯和雷维夫（1991）、迪安杰洛等（2011）[①] 的研究一致：非债务税盾的增加可以减少公司的所得税，因此公司会减少债务的使用。我国企业的非债务税盾虽然不高，仅占公司资产的 2.5% 左右，但是它还是具有一定的抵税效应，减少了公司对外部债务资金的需求。

总之，研究结果支持已有的公司债务保守融资受限与保留财务弹性的假设。中国上市公司债务保守与其他国家公司相同：公司融资受限和信息不对称程度越高，采用债务保守策略的概率越大；公司为了保留财务弹性，更愿意不使用债务融资、选择不负债。

5.3

管理者特征与公司债务保守

公司所有权和经营权分离使得管理层成为公司决策的制定者和执行者，管理者的特质影响公司的各项投融资和经营决策，债务的使用限制了管理者决策的灵活性，管理者目标差异对公司资本结构决策具有重要影响。在"有效市场"中，公司存在最优资本结构，理性管理者采取不同

---

① DeAngelo, H., DeAngelo, L., Whited, T. M. Capital structure dynamics and transitory debt. Journal of Financial Economics, 2011 (99): 235–261.

的融资策略使公司杠杆处于最佳水平。

然而，当前各国资本市场并没达到完全有效，市场的不完美使得公司融资决策面临纷繁复杂的多种因素影响，管理者的非理性使公司融资决策行为偏离股东价值最大化的目标，许多公司的杠杆偏离最优资本结构，甚至为零。行为公司金融的发展为解释这些现象提供了理论依据。行为公司金融将心理学、行为学引入金融，研究不确定条件下，人的判断和认知偏差对公司决策的影响。行为公司金融认为，人的认知偏差、情绪、经历等特质影响他的决策行为，管理者的非理性对公司资本配置行为产生影响，导致公司融资决策偏离最优状态。

5.3.1 理论分析与研究假设

5.3.1.1 管理者风险偏好

风险偏好是指人们面临风险所采取的行为方式，是对重要的不确定性认知所选择的回应方式。风险偏好是内生于个人的心理表现，人们对待风险的态度存在显著的个体差异，个人的风险偏好影响其行为表现。管理者的管理行为在现代企业两权分离的公司治理框架下虽然受到董事会、债权人等的监督和约束，但是公司的融资决策仍然存在"CEO 效应"，管理者的态度和风险偏好影响公司杠杆选择。偏好风险型的管理者更多利用债务利息的免税效应，采用较高的债务融资；厌恶风险型的管理者防御风险，为了规避债务增加带来的还款压力、公司破产引致的声誉损失和财富减少，因此选择持有更多现金，在需要融资时更多使用内部资金，因为公司负债少可以避免现金流危机和破产风险。博特兰和斯科拉（Bertrand & Schoar, 2003）[1]、科尔斯等（Coles et al., 2006）[2]研究结果表明，如果债务增加使得管理者不可分散的特定公司财富面临更

---

① Bertrand, M., Schoar, A. Managing with Style: The effect of managers on firm policies. Quarterly Journal of Economics, 2003, 118 (4): 1169 – 1208.

② Cole, J. L., Naveen, D., Naveen, L. Managerial incentives and risk-taking. Journal of Finance Economics, 2006, 79 (2): 431 – 468.

高的风险，风险厌恶程度越高的管理者越不愿意使用债务融资，他们通过发行股票来融资。

公司实际运营时，为了激励管理者努力工作、降低管理者的代理成本，董事会常常通过薪酬契约使得管理者的薪酬与公司业绩有关。卡迪尼拉斯等（Cadenillas et al.，2004）① 发现如果管理者薪酬中如果包含更多的激励薪酬，低风险厌恶的管理者会采用高杠杆，高风险厌恶的管理者不愿意承受债务带来的风险，认为公司不负债对他们来说最好，因此采用低杠杆融资策略。卢埃林（Lewellen，2006）②、查瓦和普日纳德明（Chava & Purnanandam，2010）③ 认为风险厌恶的管理者与公司资本结构之间相互作用，非分散化财富的风险厌恶管理者选择保守的债务策略，即公司的杠杆低、现金持有量高。

H1：风险厌恶管理者管理的公司更可能采用债务保守策略。

5.3.1.2 管理者过度自信

心理学研究表明，过度自信和乐观的人高估自己的能力和知识、获得信息的质量和准确性，低估执行任务的内在风险，认为自己的决策是最优的，成功的概率高于平均值，能控制不确定性的结果。格拉哈姆等（Graham et al.，2013）④ 的调查表明，相比普通人，管理者人信念坚定，他们显得更乐观自信，对事物的认识更依赖自我的判断。在需要为投资项目融资时，管理者们通常高估投资项目收益，低估公司破产成本。这样，过度自信的管理者在使用债务融资时一般选择较高的负债水平，他们认为杠杆的使用能给股东带来更多的收益。但是，马尔门迪尔等（Malmendier et al.，2011）⑤

---

① Cadenillas, A., Cvitanc, J., Zapatero, F. Leverage decision and manager compensation with choice of effort and volatility. Journal of Financial Economics, 2004, 73 (1): 71 – 92.

② Lewellen, K. Financing decisions when managers are risk adverse. Journal of Financial Economics, 2006 (82): 551 – 590.

③ Chava, Sudheer., Purnanandam, Amiyatosh. CEOs versus CFOs: Incentive and corporate policies. Journal of Financial Economics, 2010 (97): 263 – 278.

④ Graham, J., Harvey, C., Puri, M. Managerial attitudes and corporate action. Journal of Financial Economics, 2013 (109): 103 – 121.

⑤ Malmendier, U., Tate, G., Yan, J. Overconfi dence and early-life experiences: The effect of managerial traits on corporate financial policies. The Journal of Finance, 2011, 66 (5): 1687 – 1733.

研究发现经历过美国 1929～1933 年经济大衰退的过度自信管理者管理的公司债务使用更保守。

H2：过度自信管理者管理的公司选择债务保守策略的概率更大。

5.3.1.3　管理者能力

管理者能力的高低对公司投融资决策有重要影响。能力高的管理者表现得更自信，他们深信自己的决策能够增加股东价值，所以一方面他们愿意使用更多的债务融资以获得杠杆收益，另一方面良好的经营业绩使得公司拥有更多的盈余公积，这导致他们可能减少公司债务融资，防止债务租金的支付损害股东价值。巴加特和萨布拉马尼安（Bhagat & Subramanian，2011）[1] 表明管理者能力与公司资本结构选择有关，管理者能力强的公司负债低。管理者能力越高，公司的长期债务越少。邓默吉安等（Demerjian et al.，2012）[2] 认为高管人员对净现值为正的项目并不是总能做出正确而有效地选择，但是他们可以减少决策中的不现实的预期，公司管理者能力高时能够降低公司股权再融资与滞后股票异常收益之间的负相关关系。也就是说，公司在需要外部融资时更可能使用股权融资。

H3：管理者能力越高的公司采用债务保守策略的概率越大。

5.3.1.4　管理者其他特质

管理者年龄、性别等不同会产生不同的心理认知，影响其行为方式。正如梁启超所言："老年人常思既往，少年人常思将来。惟思既往也，故生留恋心；惟思将来也，故生希望心。惟留恋也，故保守；惟希望也，故进取。"因此，相比年轻的管理者，年龄大管理者的投融资决策行为更保守，在选择融资工具时，他们更愿意使用风险较低的内部资金或股权，而放弃债务融资。在不得不采用债务融资时，他们选择较低的负债水平，持

---

[1]　Bhagat, Sanjai. , Subramanian, Ajay. Manager characteristics and capital structure：Theory and evidence. Journal of Financial and Quantitative Analysis, 2011, 46（6）：1581 – 1627.

[2]　Demerjian, P. , Lev, B. , McVay, S. Quantifying managerial ability：A new measure and validity tests. Management Science, 2012, 58（7）：1229 – 1248.

有更多的现金（Graham & Harvey，2001）①。

H4a：管理者年龄越大的公司越倾向于采用债务保守策略。

管理者受教育程度对其行为和决策有重要影响。管理者接受一定的教育有利于对问题的认识，在公司经营决策过程中也更客观。但是，随着管理者受教育年限的增加和受教育程度的提高，他们的决策可能更保守。相比受教育程度较低的管理者，他们更关注个人利益和个人声誉，选择相对保守的债务策略。另外，受教育程度高的管理者也可能更自信、乐观，在经济状况较好时采用更多的债务融资，在经济变差时选择保守的债务融资策略。

H4b：管理者受教育程度与公司采用债务保守策略的关系不确定。

相比女性，男性更具侵略性和冒险性。如果公司 CEO 是男性，一方面他对公司的控制权更看重；另一方面当公司面临投资机会需求融资时，他更愿意承担责任，在融资方式选择上显得更积极、大胆，采用更多的债务融资。黄杰鲲和科斯根（Huang & Kisgen，2013）② 研究表明女性管理者管理的公司负债少。

H4c：男性管理者管理的公司采用债务保守策略的概率小。

5.3.2 变量选择与定义

管理者过度自信、风险偏好、受教育年限等特征描述的是管理者的心理与社会学属性，根据研究需要，不同学者对其的量化度量也有所不同。

巴罗斯和西尔韦拉（Barros & Silveira，2008）③、马尔门迪尔等（2011）指出过度自信的管理者相信自己的决策判断能力，对于公司未来前景乐观，他们更愿意持有公司更多的股票，以便在未来获得更高的回报。而杰

① Graham, J. R., Harvey, C. R. The theory and practice of corporate finance：Evidence from the field. Journal of Financial Economics，2001（60）：187 – 243.

② Huang, Jiekun., Kisgen, Darren J. Gender and corporate finance：Are male executives overconfident relative to female executives? Journal of Financial Economics，2013（108）：822 – 839.

③ Barros, A. L., Silveira, A. M. Overconfidence, managerial optimism and the determinants of capital structure. Brazilian Review of Finance，2008，6（3）：293 – 334.

森和麦克林（1976）的"利益一致性"假说也指出管理者持股增加能协调管理者和股东的利益，减少管理人员的在职消费、侵占股东财富和其他有损股东利益利润的动机，降低公司利用负债约束管理者行为的需要。本书选择管理者持股比例作为过度自信的替代指标。管理者持股比例越高，他们的利益与股东利益越一致，对公司的经营和未来越有信心，公司的负债比率会越低，更倾向于减少负债，甚至不负债。

在人力资本市场发达的国家中，人力资本的定价更多通过市场形成，管理者也通过人力资本市场自由流动，获得合理的报酬，管理者报酬形式与管理者的风险偏好有关。博杰等（1997）指出风险厌恶的管理者对于薪酬的选择更乐于有很高的固定报酬，以便较早的获得稳定的收入，控制和减少未来收入的不确定性。中国人力资本市场的不完善使得管理者的人力资本无法完全依赖市场定价机制，A 股主板上市公司很多是由国有公司改制而来，某些公司管理者薪酬的确定是由相关的国有资产管理部门确定，管理者的薪酬支付既有传统的工资加奖金的方式、也有现金薪酬与股票期权等现代薪酬契约。本书选择现金薪酬的多少作为管理者风险偏好的替代指标。

管理者能力作为依附于管理者的一种特征，通常无法直接观察和度量。过去，学术界通常选择一些间接指标进行计量。例如，公司规模、公司的历史收益、管理者的受教育程度、报酬和任期、媒体的关注度等等。[①] 但是，这些指标要么无法完全体现管理者的能力差异、要么无法识别管理者能力与公司客观因素的贡献。邓默吉安等（2012）基于公司的产出效率，提出了一种新的管理者能力的度量方法。他们认为"公司效率受到公司特定因素和管理者能力的影响，效率高的公司在给定输入的情况下有更高的产出……由于不同能力的管理者对于市场未来需求和行业趋势有不同的判断，因此，管理者能力的不同影响公司效率……相比小公司杰出的经理人，大公司一般的经理人也能在与供应商的谈判中获得更好的条件"。借鉴邓默吉安等（2012）研究方法，本书在用 DEA 方法计算出公

① Francis, J., A. Huang, S. Rajgopal., Zang, A. CEO reputation and earnings quality. Contemporary Accounting Research, 2008, 25 (1): 109 – 147.

司效率的情况下，利用下边的回归模型确定管理者能力替代变量。

$$Efficiency_{it} = \alpha_0 + \alpha(\,Firm\ Chatacteristics\,)_{it} + \beta Year + \gamma Industry + \varepsilon_{it}$$

$$(5.3)$$

公式（5.3）中，Efficidency 表示公司效率，采用 DEA 的 CCR 模型计算，具体模型和计算等技术细节参考魏权龄的相关论述（2004）[①]。在实际计算公司效率时，借鉴邓默吉安等（2012）、石晓军和张顺明（2010）[②] 研究，我们选择当年营业收入作为输出变量，将当年销售费用和管理费用、上年年末的存货净额、固定资产净额、无形资产净额作为输入变量。Firm Chatacteristics 表示影响公司效率的公司特征变量，如规模、市场份额、年龄、自由现金流、外汇和公司所在行业的集中度。由于不同年份和公司所在行业同样影响公司产出效率，Year、Industry 用以控制年份和行业的影响。α，β，γ 分别是对应的回归系数向量，α_0 是回归截距项，ε_{it} 是回归残差项。

通过回归就将公司效率分解成两部分：一部分来自于公司规模、市场份额等特定因素的差异；另一部分来自于公司管理者能力差异。剔除掉公司规模等特征因素对效率的影响，剩下的无法用公司特征解释的效率部分就是由于管理者的能力差异产生的，它能够反映公司管理者能力的大小，将它作为管理者能力的替代变量是适用的。这样，回归的残差代表了管理者能力对公司效率的贡献，在既定的投入水平下，管理者能力越高的公司其产出越高，我们用它作为管理者能力的替代变量。

中国公司决策中 CEO 意见权重占比很大，因此管理者年龄、性别、受教育年限等社会学特征以公司年报中公布的当年公司 CEO 年龄、性别、学历教育程度作为管理者相应特征的替代变量，其中 CEO 学历程度采用虚拟变量。

在进行 Logstic 回归分析时，考虑到公司特征对资本结构选择的影响，选择公司规模、盈利能力、可抵押资产和成长性四个公司特征变量作为控制变量。提特曼和维塞尔（1988）、弗兰克和戈雅（2009）、顾乃康等

[①] 魏权龄. 数据包络分析. 北京：科学出版社，2004.

[②] 石晓军，张顺明. 商业信用、融资约束及效率影响. 经济研究，2010（1）：102–113.

（2007）指出，公司规模、可抵押资产价值、公司成长性和盈利能力影响公司资本结构选择。规模大的公司借贷条件好，容易获得债务资金的支持，公司的预期杠杆高。公司可抵押资产价值越高、公司信用评级越高，获得负债的成本越低，公司越可能选择债务融资。高成长公司为了避免低投资的负效应，用股权融资应对资产增长，杠杆低。盈利能力高的公司内部资金充足，一方面可能减少对外部债务的依赖，另一方面又可能为获得债务的税收收益而增加负债，因此盈利能力与公司杠杆的关系不确定。

由于在为债务保守公司匹配杠杆公司时采用了年、行业、规模匹配原则，解决了年、行业等因素对公司融资决策的影响，实际分析中没有再加入年、行业等控制变量。[①]

5.3.3　实证检验与讨论

5.3.3.1　单变量检验

表 5 - 7 管理者特征均值比较表明：债务保守公司管理者平均持股比例达到 57.3%，对照的杠杆公司仅有 6.3%；债务保守公司管理者平均薪酬对数为 12.668，薪酬额平均值为 42 万元左右，对照的杠杆公司管理者平均薪酬额是 35 万元多一点，两者相差 7 万多元，债务保守公司管理者持股比例和薪酬额都高于对照的杠杆公司，且具有统计显著性。债务保守公司管理者能力与对照杠杆公司也存在显著差异，债务保守公司管理者的能力较强。债务保守公司管理者年龄、教育背景与对照杠杆公司不存在显著差异。

表 5 - 8 是对控制权不同公司管理者特征的比较。国有控股权的公司中，债务保守公司比杠杆公司的管理者持有更多公司股份、能力更高。非国有控股公司中，债务保守公司管理者持股比例、薪酬和管理者能力与杠

---

① Petersen, M. Estimating standard errors in finance panel data sets: Comparing Approaches. Review of Financial Studies, 2009 (22): 435 - 480.

杆公司存在显著差异，债务保守公司管理者持股比例高、薪酬多、能力高。国有与非国有控股债务保守公司管理者特征没有明显差别。

表5-7   债务保守公司与杠杆公司管理者特征均值差异

变量	符号	债务保守公司	杠杆公司	均值差异	T检验
持股比例	Eown	0.573	0.063	0.510	3.248***
薪酬	Ecomp	12.668	12.490	0.178	3.593***
年龄	Eage	46.943	46.894	0.049	0.141
教育背景	Eedu	1.832	1.861	−0.028	−0.405
管理者能力	Eability	0.035	−0.053	0.089	4.559***

注：*** 表示在1%的显著性水平下显著。

  表5-9是根据公司是否支付股利对公司分类后管理者特征的比较。支付股利公司组中，债务保守公司管理者持股比例、薪酬报酬、管理者能力都显著高于对照的杠杆公司。不支付股利公司组中，债务保守公司管理者持股比例和管理者能力与杠杆公司有显著差异，数据明显高于对照的杠杆公司。另外，与不支付股利的债务保守公司相比，支付股利的债务保守公司管理者薪酬、年龄存在显著差异，支付股利的债务保守公司管理者持股比例较低、年龄较大。

  单变量分析结果表明，相比杠杆公司，债务保守公司管理者持股比例较高、报酬中现金薪酬多、管理者能力高。公司控制权的差异与公司债务保守不存在显著的相关性。

5.3.3.2 回归结果分析

  管理者持股比例系数为正，但是不具有统计显著性。管理者薪酬正的回归系数表明风险厌恶程度越高的管理者越可能采用债务保守的融资策略，他们使用较少的债务融资，甚至放弃对债务的使用。这一结论验证了管理者防御的假说。管理者能力回归系数为正也说明公司管理者能力越高，该公司采用零杠杆、不使用债务融资的概率越大。管理者能力越高，其管理的公司制定经营决策战略的前瞻性更强，经营思想的执行也更彻底，

表 5 - 8　控制权性质不同公司管理者特征均值差异

变量	符号	国有债务保守公司 (1)	非国有债务保守公司 (2)	国有杠杆公司 (3)	非国有杠杆公司 (4)	(1) 和 (3) 均值差异检验	(1) 和 (2) 均值差异检验	(2) 和 (4) 均值差异检验
持股比例	Eown	0.690	0.508	0.029	0.084	2.323**	0.564	2.322**
薪酬	Ecomp	12.704	12.647	12.565	12.444	1.641	0.752	3.346***
年龄	Eage	46.904	46.965	47.241	46.681	-0.580	-0.116	0.646
教育背景	Eedu	1.820	1.839	1.759	1.923	0.540	-0.185	-0.934
管理者能力	Eability	0.029	0.041	-0.046	-0.063	2.7961***	-0.405	3.661***

注：***，** 分别表示在 1% 和 5% 的显著性水平下显著。

表 5 - 9　支付股利与否各公司治理特征均值差异

变量	符号	支付股利债务保守公司 (1)	不支付股利债务保守公司 (2)	支付股利杠杆公司 (3)	不支付股利杠杆公司 (4)	(1) 和 (3) 均值差异检验	(1) 和 (2) 均值差异检验	(2) 和 (4) 均值差异检验
持股比例	Eown	0.573	0.574	0.122	0.035	2.052**	-0.003	2.331**
薪酬	Ecomp	12.955	12.352	12.818	12.336	1.956*	8.718***	0.233
年龄	Eage	47.907	46.415	47.504	46.327	0.712	2.342**	0.192
教育背景	Eedu	1.814	1.852	1.846	1.868	-0.286	-0.397	-0.163
管理者能力	Eability	0.047	0.022	-0.030	-0.064	2.692***	0.818	3.055***

注：***，**，* 分别表示在 1%，5% 和 10% 的显著性水平下显著。

公司的盈利能力强、利润高，自我产生资金的能力高于管理者能力低的公司，因此它们使用更少的债务融资，甚至公司没有任何负债。

相比女性管理者管理的公司，男性管理者管理公司不使用债务融资的概率要小，他们更自信，相信自己管理者公司未来的偿还能力，因此较少采用极端债务保守的融资方式，而是利用债务的杠杆作用，增加公司收入，提升公司价值和股东利益。管理者年龄越大，他管理的公司越可能不使用债务、采用债务保守的债务融资方式。

管理者受教育程度与公司债务保守策略之间不存在显著的关系，也就是说管理者受教育程度的高低对于公司融资工具的选择，尤其是对债务融资的运用没有显著影响。管理者有没有兼职不影响公司融资政策的决定（表5-10）。

表5-10　　　　　　　　　　　回归结果

变量	符号	(1)	(2)	(3)	(4)
持股比例	Eown	0.104	0.111	0.112	0.112
		2.203	1.320	1.371	1.429
薪酬	Ecomp	0.316	0.095	0.100	0.092
		6.810 ***	2.584 *	3.739 **	1.487
年龄	Eage	0.338	0.197	0.259	0.180
		8.45 ***	4.036 **	6.453 **	3.586 **
教育背景	Eedu	-0.007	-0.006	-0.004	-0.006
		0.098	0.013	0.006	0.015
管理者能力	Eability	1.374	1.411	1.411	1.411
		12.282 ***	13.118 ***	13.118 ***	13.118 ***
性别	Gend	-0.715	-0.369		
		4.482 **	2.277 *		
兼任与否	Ejob	0.406		0.137	
		4.405 **		1.134	
规模	Size	-0.009	-0.104	0.336	-0.110
		0.920	3.498 *	41.156 ***	3.954 **

续表

变量	符号	（1）	（2）	（3）	（4）
成长性	Growth	0.401 31.157 ***	0.339 41.566 ***	−2.798 59.912 ***	0.332 40.623 ***
可抵押资产	Fixed	−3.977 48.670 ***	−2.799 60.016 ***	0.581 5.447 **	−2.780 59.342 ***
盈利能力	Profit	0.213 5.234 **	0.583 5.459 **		0.577 5.412 **
常数	Con	−4.521 2.264	1.462 0.587	1.380 0.518	1.594 0.700
H−L 检验		5.085	6.508	4.623	9.632

注：*** 、** 、* 分别表示在 1%、5% 和 10% 的显著性水平下显著。

　　以上分析结果表明，管理者的风险偏好和能力高低等特征对中国公司债务保守的形成有一定的解释能力。防御风险的心理使得管理者持股比例高的公司越可能采取零负债的融资策略；管理者能力越高的公司减少甚至放弃债务融资。这种矛盾的表现可能与中国文化延承有关：阴阳相合、中庸守成的观点在中国企业管理中无处不在。

5.4

公司治理与公司债务保守

　　为了解决公司所有权与经营权分离带来的代理问题，现代企业都加强了公司治理，通过公司治理机制的设计与改善降低管理者的代理成本。例如，公司董事会的建立是公司治理的重要组成，它的存在有助于减少现代公司所有权与经营权分离带来的代理成本，其独立性与效能的发挥直接影响公司治理质量。汪强和吴世农（2007）[①] 发现公司治理对资本结构的影

---

① 汪强，吴世农. 公司治理是如何影响资本结构的——基于我国上市公司的实证研究. 经济管理, 2007（12）：4-13.

响显著，肖作平（2005）对中国公司实证研究结果表明公司治理影响中国上市公司资本结构选择。

公司对管理者选取、监督的不同，董事会作用的差异，公司控制权以及股本结构的不同使得公司治理千差万别，这些差别表现为公司治理通过各种途径影响着公司的融资决策。

5.4.1 理论分析与研究假设

董事会持股比例越高可能形成董事会与大股东或控股股东勾结，做出损害中小股东利益的决策。然而，持股比例的增加使得董事会成员对于公司管理者的监督更谨慎，更有助于减少管理者代理成本。薛祖云和黄彤（2004）[1] 的研究表明，董事适度持股能够激励其真正履行监督职责。董事会董事持股比例越高，公司治理效率越高，企业的资产负债率越高。黄少安和张岗（2001）发现中国股票市场的不完善使得股权融资成本低于债权融资成本，董事会持股比例与资本结构呈现负相关关系，董事会持股比例越高，公司的资产负债率越低。

H1：董事会持股比例与公司债务保守之间关系不明确。

适度的董事会规模有助于发挥它的监督作用，董事会人数过度可能会限制董事会参与公司关键事件的程度，甚至由于"搭便车"行为导致对公司管理者执行过程的监督流于形式，也可能因管理者对董事的分而治之形成其操纵和控制董事会的局面。詹森（Jensen，1993）[2] 指出，董事会规模的增加将带来更多的过程损失，保持董事会规模适度有利于公司业绩的提高；而伊姆冉克（Yemrack，1996）[3] 的实证研究提供了董事会规模大的公司不能有效约束和监督管理者的证据。博杰等（1997）发现董事

---

① 薛祖云，黄彤. 董事会、监事会制度特征与会计信息质量——来自中国资本市场的经验分析. 财经理论与实践，2004（4）：84 – 89.

② Jensen, M. The modern industrial revolution, exit, and the failure of internal control systems. Journal of Finance, 1993, 48（3）：831 – 880.

③ Yemraek, D. Higher market valuation for firms with a small board of directors. Journal of Financial Economics, 1996, 40（2）：185 – 211.

会规模与公司债务融资比例负相关。

H2：董事会规模与公司债务保守负相关。

2001 年，中国证券监督委员会在 2001 年的《关于在上市公司建立独立董事制度的指导意见》指出上市公司董事会成员中应当至少包括三分之一独立董事。独立董事是指不持有公司股份、不在公司内部任职、与公司主要股东或管理者不存在重要业务和专业联系的董事会成员，他们对公司决策正确与否做出独立判断。

独立董事的设置主要是针对公司所有权与经营权分离，防止或降低公司各种代理成本，保护股东权益，尤其是中小股东的权益。因此，独立董事在公司治理中具有重要作用。独立董事占董事会人数的比例越高，对董事会与管理者的经营决策行为监督越强，有助于防止内部人控制，减少大股东操纵或管理者的自利对公司价值的损害。孙健（2008）[①] 发现独立董事比例越高，公司终极控制人选择债务融资的动机将被削弱，公司的债务融资减少。肖作平（2008）[②] 认为独立董事比例与公司债务融资多少正相关。

H3：独立董事人数与公司债务保守行为负相关。

资本结构代理成本理论指出，股权结构的过度分散和非所有者的管理者掌握公司决策的控制权将产生管理者代理成本，适度负债能够增加债权人对公司的监督，减少公司自有现金流，降低管理者代理成本。施莱费尔和维西里（1986，1997）[③④] 发现股权的集中或大股东的存在会减少管理者机会主义的幅度和他们的代理成本。

公司股权的集中使得大股东的监督激励加强，他们可能更关注管理者的各项经营决策，管理者的自由裁量权会受到更多约束，公司采用更有利

① 孙健. 终极控制权与资本结构的选择——来自沪市的经验证据. 管理科学，2008，21（2）：18 – 25.

② 肖作平. 公司治理对资本选择的影响——理论和证据. 管理科学学报，2008，11（5）：129 – 141.

③ Shleifer, A., Vishney, R. W. Large shareholders and corporate control. Journal of Political Economy, 1986（94）：461 – 488.

④ Shleifer, A., Vishney, R. W. A survey of corporate governance. The Journal of Finance, 1997, 52（2）：737 – 783.

的资本结构。事实上，当第一大股东持股比例超过33%时，他对公司拥有实际控制权，将约束经理个人特质对公司杠杆选择的影响。大股东为了减少债务增加的债务租金对自身利益的侵蚀，谋取自身利益最大化，可能倾向于减少公司负债水平。但是，法玛和詹森（Fama & Jensen，1983）①指出内部人持股比例的增加将产生逆向防御壁壕效应，会导致外部股东费用中的管理者机会主义成本的增加。为了避免这种情况，大股东倾向于增加公司债务，加强对管理者的控制。弗兰德和朗（Friend & Lang，1988）②认为大股东持有比管理者更分散的投资组合，相对于公司管理者而言，他们的投资风险更小，因此也更偏好使用债务作为控制管理者代理成本的手段，约束管理者的自利行为、激励管理者努力工作。陆正飞和叶康涛（2004）③对中国上市公司研究发现，控股股东持股比例越高，企业越有可能选择股权融资方式。本书选择第一大股东持股比例、第二至第十大股东持股比例之和作为股权集中度的替代指标。

H4：股权集中度与公司债务保守正相关。

拉·波尔塔等（La Porta et al.，1999）④指出许多国家的公司都是股东控制，当大股东持股比例超过20%时就成为公司的事实控股股东。在这样的一个定义下，中国大多数上市公司都存在控股股东。国有控股公司的国有属性使得政府信用在某种意义上已成为企业的信用代表，银行不必担心企业违约和贷款的安全性。所以，相比非国有公司，银行更愿意发放贷款给国有控股公司。另外，A股上市公司大多是从国有公司改制而来，国有股处于控股股东的位置，社会公众等中小股东参与公司监督的成本较高、权利较小。这样，国有资产管理机构作为国家股的"代理人"，非人格化的主体身份使得它在公司经营决策中考虑经济目标的

---

① Fama, E. , Jensen, M. Separation of ownership and control. Journal of Law and Economics, 1983, 26 (2)：301 – 325.

② Friend, Irwin. , Lang. L. H. P. An empirical test of the impact of managerial self-interest on corporate capital structure. The Journal of Finance 1988, 43 (2)：271 – 281.

③ 陆正飞，叶康涛. 中国上市公司股权融资偏好解析——偏好股权融资就是缘于融资成本低吗? 经济研究，2004（4）：50 – 59.

④ La porta A. et al. Corporate ownership around the world. The Journal of Finance, 1999, 54 (2)：471 – 517.

同时兼顾更多的行政与社会目标，国有控股公司更可能形成内部人控制局面。孙永祥（2001）[①] 发现国有控股上市公司的负债比率高于民营公司。

H5：国有控股公司采用债务保守融资策略的概率低。

5.4.2　实证结果分析

5.4.2.1　单变量检验

债务保守公司与杠杆公司治理特征比较表明，采用债务保守策略公司的股权集中度更高，第一大股东持股比例达到38%，超过杠杆公司将近3个百分点；其董事会和监事会持股比例也显著高于杠杆公司。但是，这些公司董事会人数和独立董事人数都少于杠杆公司，两者的差值都具有统计显著性（表5-11）。

表5-11　　　　　　　　　债务保守与杠杆公司均值差异

变量	符号	债务保守公司	杠杆公司	均值差值	T检验
股权集中度	F-own	37.993	33.883	4.110	4.961 ***
S指数	Sindex	17.577	16.459	1.118	1.753 *
委员会数量	Board	3.447	3.522	-0.075	-1.081
董事人数	Bnum	8.736	8.997	-0.261	-2.208 **
独立董事人数	INDnum	3.100	3.217	-0.117	-2.716 ***
董事会持股	Bown	1.355	0.433	0.922	2.854 ***
监事会持股	Sown	0.020	0.005	0.015	2.403 **

注：***、**、*分别表示在1%、5%和10%的显著性水平下显著。

表5-12是不同控股权公司治理特征比较。控股权的差异不影响债务

---

① 孙永祥. 所有权、融资结构与公司治理机制. 经济研究，2001（1）：45-53.

保守公司治理，无论是股权集中度、还是董事会持股比例、监事会持股比例、独立董事人数和董事会规模，非国有控股和国有控股的债务保守公司都不存在显著差异。但是国有和非国有控股的债务保守公司与其对应的杠杆公司治理特征大多具有明显差别。

表 5 - 13 是支付股利与否公司治理特征比较。债务保守公司中，支付股利公司与不支付股利公司的公司治理有明显差异。支付股利公司第一大股东持股比例远高于不支付股利的公司，两者的差值接近 9.1%，在 1% 的显著性水平下显著。两者在董事会人数、独立董事人数、等方面也有很大不同。

支付股利公司中，与杠杆公司相比，支付股利的债务保守公司股权更集中，董事会设立的专门委员会较少。不支付股利公司中，第一大股东持股比例债务保守公司比对应杠杆公司高，具有统计显著性；但是董事会持股比例、董事会规模和独立董事人数都少于对应杠杆公司。

因此，与杠杆公司相比，债务保守公司股权集中度较高、董事会董事人数较少、独立董事人数也少；专门委员会设立不如杠杆公司全。这些结果表明中国债务保守公司治理不如杠杆公司，而第一大股东过高的持股比例使得公司在融资、经营等决策中权力过大，权利制约的缺失表现为公司的决策更有利于大股东，小股东的权益无法得到保护。

5.4.2.2 回归结果分析

表 5 - 14 回归结果表明，中国公司债务保守与公司股权集中度密切相关，第一大股东持股比例越高，公司不使用债务融资、债务保守的概率越高。并且，其他大股东不能对其形成制衡作用，他们与第一大股东合谋，采用相同的融资策略选择。独立董事人数多的公司采用负债为零的极端债务保守融资策略的可能性低；董事会分委员会设置数量与公司债务保守显著负相关，委员会设置数量越多，公司越不可能放弃债务融资，这反映了独立董事在董事会中对代表大股东利益董事意见的制衡，也表明专业委员会的设立有助于提高公司治理水平。这些结论证明了假设 H3 和假设 H4 的观点。

表 5 - 12　　不同控制权债务保守与杠杆公司均值差异

变量	符号	国有债务保守公司 (1)	国有杠杆公司 (2)	非国有债务保守公司 (3)	非国有杠杆公司 (4)	(1) 和 (2) 均值 T 检验	(1) 和 (3) 均值 T 检验	(3) 和 (4) 均值 T 检验
股权集中度	F-own	39.148	35.065	37.348	33.16	2.942***	1.426	4.067***
S 指数	Sindex	17.403	15.383	17.674	17.117	1.970**	-0.28	0.686
委员会数量	Board	3.385	3.51	3.481	3.529	-1.011	-0.902	-0.575
董事人数	Bnum	8.703	8.988	8.755	9.002	-1.553	-0.308	-1.613
独立董事人数	INDnum	3.088	3.233	3.107	3.208	-2.103**	-0.337	-1.821*
董事会持股	Bown	1.356	0.164	1.355	0.597	2.509**	0.003	1.753*
监事会持股	Sown	0.028	0.002	0.016	0.007	2.079**	0.925	1.253

注：***、**、*分别表示在 1%、5%和 10%的显著性水平下显著。

表 5—13 不同股利支付方式债务保守与杠杆公司均值差异

变量	符号	支付股利债务保守公司 (1)	支付股利杠杆公司 (2)	不支付股利债务保守公司 (3)	不支付股利杠杆公司 (4)	(1) 和 (2) 均值 T 检验	(1) 和 (3) 均值 T 检验	(3) 和 (4) 均值 T 检验
股权集中度	F-own	42.33	39.14	33.233	31.399	2.351**	7.838***	1.803*
S 指数	Sindex	17.431	15.185	17.738	17.061	2.237***	-0.331	0.812
委员会数量	Board	3.327	3.579	3.579	3.494	-2.248**	-2.604***	0.937
董事人数	Bnum	9.347	9.341	8.066	8.834	0.031	8.344***	-4.913***
独立董事人数	INDnum	3.272	3.379	2.912	3.141	-1.509	6.642***	-4.138***
董事会持股	Bown	1.405	0.966	1.300	0.181	0.718	0.187	2.710***
监事会持股	Sown	0.034	0.012	0.005	0.002	1.755*	2.730***	1.084

注: ***、**、* 分别表示在 1%、5% 和 10% 的显著性水平下显著。

表 5 - 14　　回归结果

变量	符号	(1)	(2)	(3)	(4)	(5)	(6)
股权集中度	F-own	0.043	0.040	0.028	0.040		0.038
		4.644**	64.747***	41.478***	65.043***		57.579***
S 指数（%）	Sindex		0.035		0.035	0.033	0.033
			33.469***		33.507***		28.023***
实际控制人性质	Control				-0.114		-0.131
					0.777		1.130
委员会数量	Board					-0.213	-0.149
						17.722***	8.040***
董事人数	Board					0.050	0.008
						0.937	0.023
独立董事人数	INDnum			-0.162		-0.237	-0.209
				3.877**		2.631	1.891
董事会持股	Bown					0.016	0.007
						1.575	0.313
监事会持股	Sown					1.501	1.449
						2.285	1.963

续表

变量	符号	(1)	(2)	(3)	(4)	(5)	(6)
独立董事执行力	Indire			-0.194		-0.083	-0.190
				2.441		2.542	2.219
规模	Size	-0.181	-0.175***	-0.169***	-0.172		-0.143
		11.475***	10673	10.003***	10.334***		6.713**
成长性	Growth	0.374	0.416	0.374	0.416	0.382	0.452
		46.543***	52.842***	46.183***	52.894***	48.801***	57.339***
可抵押资产	Fixed	-2.898	-3.071	-2.932	-3.080	-2.977	-3.066
		59.602***	72.338***	67.134***	72.598	67.957***	69.089***
盈利能力	Prof	0.547	0.443	0.540	0.440	0.623	0.444
		5.549**	4.511**	5.501**	4.474**	6.125**	4.545**
常量	Con	2.981	0.872	3.298	1.743	2.845	2.289
		6.610**	0.367	7.919***	1.192	5.836**	3.411*
H-L检验		10.215	18.246	17.749	4.056	3.977	6.897

注：***、**、* 分别表示在1%、5%和10%的显著性水平下显著。

　　董事会规模、董事会和监事会持股比例对公司债务保守影响不显著，独立董事中有会计等财务金融从业资格人员在公司所在地办公对公司债务保守的融资决策不存在显著影响。

　　以上结果表明，虽然债务保守公司与杠杆公司的治理特征存在显著差异，但是公司治理对公司债务保守的影响更多体现在公司股权集中度上。中国公司绝对的股权集中决定了公司的融资、投资等决策体现的是大股东的意愿，大股东放弃公司负债带来的税盾收益、选择有利于自身利益的债务保守融资策略。

5.4.3　进一步检验

　　本章的 5.2 节、5.3 节、5.4 节分别从融资约束、财务弹性、管理者特征和公司治理视角研究了公司债务保守形成的原因，但是，并没有考虑所有这些因素同时作用的影响。实际上不可能割裂开他们彼此的联系，这些变量共同作用于资本结构决策，影响公司对融资工具的使用。

　　表 5 – 15 的回归分析结果表明，在考虑所有因素对公司债务保守融资

表 5 – 15　　　　　　　　　　回归结果

变量	符号	B	Wals	Exp(B)
规模	Size	− 0.177	5.917 **	0.838
成长性	Growth	0.467	47.234 ***	1.596
公司年龄	Age	− 0.038	3.395 *	0.962
现金持有	Cash	1.136	20.333 ***	3.114
资本支出	CapEx	− 0.055	12.973 ***	0.947
股权集中度	Fown	0.029	20.771 ***	1.029
H 指数	H-index	0.025	10.415 ***	1.025
委员会数量	Board	− 0.186	8.305 ***	0.830
独立董事人数	INDnum	− 0.291	7.434 ***	0.747
管理者持股	Eown	0.108	3.654 *	1.114
管理者薪酬	Ecomp	− 0.050	0.244	0.951

续表

变量	符号	B	Wals	Exp(B)
管理者年龄	Eage	-0.006	0.305	0.994
管理者教育背景	Eedu	-0.019	0.159	0.981
管理者能力	Eability	0.013	8.435 **	1.013
管理者性别	Gend	0.786	5.544 **	2.194
管理者兼任与否	Ejob	0.418	6.942 ***	1.519
实际控制人性质	Control	-0.167	1.094	0.847
可抵押资产	Fixed	-1.041	5.008 **	0.353
盈利能力	Prof	0.289	3.361 *	1.335
常量	Con	1.639	0.770	5.151
H-L检验		5.270		

注: *** 、 ** 、 * 分别表示在 1% 、 5% 和 10% 的显著性水平下显著。

的影响时，其结果不改变融资约束、财务弹性是公司债务保守的原因。但是，股权集中度等公司治理变量的加入使得管理者风险偏好、年龄对公司债务保守影响不再显著。在中国，管理者个人特征本身对公司决策的影响不如发达国家明显，中国文化中的集体主义倾向使得管理团队在公司融资决策时的作用更大。事实上，崔等（Chui et al.，2002）[①] 曾指出国家文化影响公司的资本结构决策。而中国公司股权高度集中、一股独大的情况则加剧了这种倾向，使得公司融资决策更多体现了大股东的意愿，这也是导致中国公司债务保守的特有原因之一。

5.5

行业特征与公司债务保守

在一个完全竞争的市场上，一家公司产品价格的变化不会对产品市场

---

① Chui, A. C. W. , Lloyd, A. E. , Kwok, C. C. Y. The determination of capital structure: Is national culture a missing piece to the puzzle? Journal of International Business Studies, 2002 (33): 99 - 127.

产生任何影响。但是，如果产品市场没有达到完全竞争，或者在垄断市场上，一家公司的产品价格的变动必然会对市场中的其他企业产生影响，甚至导致市场结构的完全改变。这样，竞争压力的存在一方面会减少公司的市场份额和利润，导致公司获得融资更难，甚至无法得到任何融资；另一方面竞争的存在有助于外部投资者评价公司所处的市场环境，减少债务的代理成本，有益于公司获得融资。

那么，公司与供应商、竞争者之间的关系会影响公司对融资工具的选择和资本结构的确定吗？行业特征如何影响公司的融资选择？一家公司融资结构、融资决策和产品价格的改变，市场上其他公司会有什么样的反应？

5.5.1　理论分析

假设期初 T＝0 时，公司计划进入某个存在竞争的行业，并为之购置固定设备、厂房等固定资产、进行产品创新研发投资共 $I_0(\omega, \theta)$，ω 为进入行业基本的投资需求，θ 是行业的研发费用密度，其中债务资本为 L_0，利率为 0。并且，$\frac{\partial I_0}{\partial \omega} > 0$，$\frac{\partial I_0}{\partial \theta} > 0$。

T＝1 时，公司开始运营，行业存在竞争。此时公司如果未采取应对措施，调整融资和经营策略，公司预期现金流为 0。如果公司为了保持在市场上的竞争地位不被淘汰，公司增加股权资本投资 $I_1 > 0$。公司总投资 $I = I_0 + I_1$。

T＝2 时，市场前景预期好的概率为 P，市场前景不好的概率为 (1－P)，公司实现现金流入 C_2，预期好时公司现金流入为 C_h；预期不好时公司现金流入为 C_1。

公司现金流入 C_2 是公司投资 I、市场竞争程度 λ 的函数，公司现金流入 $C_2 = E(P, C_h, C_1) = f(I, \lambda)$。其中，公司现金流入是增加投资 I_1 的增函数，但是投资的边际效应递减，$\frac{\partial f}{\partial I_1} > 0$，$\frac{\partial^2 f}{\partial I_1^2} > 0$。$\lambda$ 表示市场竞争程度，λ 越大，市场竞争越激烈。市场竞争越激烈，公司现金流越少，$\frac{\partial f}{\partial \lambda} < 0$。$\lambda$

受到行业成长性 α、行业集中度 β、行业内公司对彼此经营策略行为的敏感程度 δ 的影响，即 $\lambda = \lambda(\alpha、\beta、\gamma)$，$\dfrac{\partial \lambda}{\partial \alpha} > 0$，$\dfrac{\partial \lambda}{\partial \beta} < 0$，$\dfrac{\partial \lambda}{\partial \gamma} < 0$。公司经营的目标是最大化净现金流 $(C_2 - I)$。即最优化模型为：

$$\max(C_2 - I) = \max\left[f(I, \lambda(\alpha, \beta, \gamma)) - I\right]$$

s. t.

$$I_1 > 0,\ I_0 > 0$$

$$C_2 - I \geqslant L_0$$

$$I_1 = I - I_0(\omega, \theta) \tag{5.4}$$

令 $f(I, \lambda) = 1 - e^{-\lambda I_1} = 1 - e^{-\lambda[I - I_0]}$，则净现金流最大时公司投资为 $I^* = \dfrac{\ln\lambda}{\lambda} + I_0$，即 $I_1 = \dfrac{\ln\lambda}{\lambda}$ 最大净现金流入为 $(C_2 - I)^* = 1 - \dfrac{1 + \ln\lambda}{\lambda} - I_0$，公司债务融资应为 $L_0 \leqslant 1 - \dfrac{1 + \ln\lambda}{\lambda} - I_0$。

由于公司的负债与市场竞争程度 λ 和初始投资额 I_0 有关，假设公司负债达到最高值，即 $L_0 = 1 - \dfrac{1 + \ln\lambda}{\lambda} - I_0$，那么 $L_0 = 1 - \dfrac{1 + \ln\lambda(\alpha, \beta, \gamma)}{\lambda(\alpha, \beta, \gamma)} - I_0(\omega, \theta)$。$L_0$ 分别对 α、β、γ、ω，θ 求导，可知：$\dfrac{\partial L_0}{\partial \alpha} = \dfrac{\lambda'_\alpha}{\lambda^2}(\ln\lambda + 1) > 0$，

$\dfrac{\partial L_0}{\partial \beta} = \dfrac{\lambda'_\beta}{\lambda^2}(\ln\lambda + 1) < 0$，$\dfrac{\partial L_0}{\partial \gamma} = \dfrac{\lambda'_\gamma}{\lambda^2}(\ln\lambda + 1) < 0$。同理可知 $\dfrac{\partial L_0}{\partial \omega} = -\dfrac{\partial I_0}{\partial \omega} < 0$，

$\dfrac{\partial L_0}{\partial \omega} = -\dfrac{\partial I_0}{\partial \theta} < 0$。

因此，公司的债务融资与其所在行业的市场竞争程度、行业前期投资规模和研发费用投入高低有关。当公司所在行业增长潜力小、行业集中度高或者行业内竞争者对公司各项经营策略敏感时，公司倾向于降低债务融资，采用债务保守的融资策略。当行业前期投资规模较大或研发投入较高时，公司也会使用保守的债务融资策略。[①]

---

① 孙爱英. 产业特征、竞争格局与财务保守行为的关系. 中南财经政法大学学报，2007(3)：104 - 108.

5.5.2 数据描述分析

第4章对1993~2013年中国A股主板上市公司债务保守统计表明，共有57家公司连续五年采用保守的债务融资策略，它们不使用任何有息债务融资。对这些公司按照所在行业及其产品重新分类（表5-16）。信息、医药这类需要较多研究与开发投资行业公司有13家，占到全部公司的23%；专用设备、化工制造业的公司有7家，比例为13%。这一公司数据表明理论模型分析结果的正确性，处于投资规模大、研究与开发资金需求高的行业内公司采用债务保守策略的概率更大，行业特征影响公司资本结构选择。

表5-16   连续5年不负债公司行业分类统计

行业	公司数量（家）	比例（%）
信息医药电子业	13	0.23
电力、石化、交通	15	0.26
专用设备	2	0.04
化工业	5	0.09
酒类	6	0.11
零售服务业	8	0.14
其他	8	0.14
合计	57	1.00

酒类生产行业公司债务保守较多的结果反映出中国公司债务保守行业分布的独特性。在中国，酒的生产销售虽然是完全是市场化的，但是茅台、五粮液、山西汾酒、长城等几大酒类生产集团在高端酒的生产定价方面具有垄断性，国家十二五规划之前很多年的社会消费习惯导致中国高端酒的市场非常火爆，销售商争相获得几大酒品生产集团高端酒的市场代理权限和产品。这一状况的直接结果就是茅台、五粮液、汾酒这几大酒类生产集团的现金流非常充裕。样本期间这些公司也没有进行大的投资扩充，

资本支出的现金需求较少，经营产生的现金流足以满足公司日常经营与投资的需求。另外，大型国有控股公司的身份使得公司的高管基本都是行政任命，行政级别的限制和薪酬的约束导致这些酒类公司的管理者守成思想较重、缺少创新、创业的动力。因此，公司宁可放弃债务融资的税收收益，也不想承担债务资本成本以及因负债可能产生的财务困境。刘峰等（2013）[1] 以茅台集团为案例的研究指出，茅台作为贵州大型的国有控股企业，对于管理层"赏低罚高"的不对称激励制度是导致茅台股份采用极端债务保守的消极资本结构政策的主要原因。

电力、石化、交通类公司债务保守有 15 家，占比达到 26%，超过 1/10 的连续五年债务保守的公司位于这些行业。中国这些公司生产的产品带有一定的公用性，其产品的定价属于国家定价，产品的销售具有垄断性，并且它们都是国有控股企业，国家对其提供大量的资金补贴和支持。同时，国家政策对这些行业公司规模的限制等使得公司不再有大的资本支出，公司已有资金来源能够满足公司需要，这些公司不需要使用债务融资。

5.6

宏观环境与公司债务保守

拉詹和津加莱斯（Rajan & Zingales，1995）对不同国家公司资本结构的比较研究表明，公司资本结构决策不仅是公司自身的决策问题，而且与其所在国的经济发展阶段、金融体系、宏观经济政策等外部制度因素密切相关。

5.6.1 地区差异与公司债务保守

计划经济时代，公司作为国家经济的整体，其一切供、产、销都由政

---

[1] 刘峰，叶凡，张仲山．"茅台现象"与资本结构理论．当代会计评论，2013，5（2）：1-19．

府制定，企业只是执行者。林毅夫和李志赟（2004）[①]、方军雄（2007）[②]
认为，政府对经济的干预导致银行贷款决策受政府影响，公司融资行为是
被扭曲的，公司资本结构决策不能完全根据收入成本、收益权衡结果
制定。

改革开放之后，尤其是 1990 年中国建立资本市场以来，中国企业改
革逐渐进行，现代企业制度和政府管理规定的建立使得中国市场化进程不
断提高，政府对公司运营干预减少，企业的融资决策更加市场化、透明
化。陈钊（2004）[③] 研究发现公司履约成本、预算软约束随着政府干预的
降低而降低。从公司治理方面来看，辛清泉和谭伟强（2009）[④] 认为市场
化改革提升了公司治理水平，经理的薪酬契约得到强化，国有公司经理薪
酬对公司业绩的敏感度增加。夏立军和陈信元（2007）[⑤] 指出市场化进程
奠定了国有企业的公司治理结构。林毅夫和李志赟（2005）[⑥] 指出金融改
革使得银行的自主性增加，银行信贷决策逐步摆脱政府干扰，更多依据公
司业绩、信用条件等发放贷款。

中国各地区资源、地理环境优势不同，以及国家在改革过程中的政策
不同，使得各个地区的市场化程度存在很大的差别。改革开放初期，首先
是东部沿海地区获得了国家政策的支持，东部地区充分利用了政策优势和
地域优势，率先进行企业改革、发展市场经济。相比西部和中部地区，东
部沿海地区与城市的市场化进程高。在市场化进程高的东部地区，政府对
经济干预程度低。具体到企业运营，东部地区政府对银行等金融中介的干
预程度远低于市场进程低的地区，公司在运营过程中，更多依据自身需求
进行资金配置，公司的融资决策和融资行为受到政府干预较少。姜付秀和

---

①　林毅夫，李志赟. 政策性负担、道德风险与预算软约束. 经济研究，2004（2）：17 - 27.

②　方军雄. 所有制、制度环境与信贷资金配置. 经济研究，2007（12）：82 - 92.

③　陈钊. 经济转轨中的企业重构：产权改革与放松管制. 上海：上海人民出版社，2004.

④　辛清泉，谭伟强. 市场化改革、企业业绩与国有企业经理薪酬. 经济研究，2009（11）：68 - 81.

⑤　夏立军，陈信元. 市场化进程、国企改革策略与公司治理结构的内生决定. 经济研究，2007（7）：82 - 96.

⑥　林毅夫，李志赟. 中国的国有企业与金融体制改革. 经济学（季刊），2005（3）：913 - 936.

黄继承（2005）[1] 发现市场化程度越高，公司杠杆调整速度越快；市场化程度提高得越快公司资本结构的调整速度也越快。并且，市场化程度高的地区上市公司治理更规范，更容易获得投资者的认可，他们获得股权融资的概率更大。因此，相比市场化进程低的地区公司，市场化程度高地区的公司具有较低债务水平。

由于中国市场经济发展的不完善，一直以来政府通过干预经济运行间接影响公司经营决策，近年来虽然有所减弱，但并没有完全消失，尤其是各地区的差异导致政府干预公司经营的程度存在差异。法恩等（Fan et al. ，2012）[2] 认为政府直接通过政治力量影响银行的信贷决策，帮助公司获得银行贷款。当公司陷入困境时，政府运用行政手段设法让银行免去部分债务、提供新的资金融通；或者利用掌握的行政职权，通过财政补贴等方式降低公司违约概率，使公司更容易从银行等机构获得贷款，或者在债券市场上发行债券。德米尔古克和马克西姆莫维奇（Demirguc－Kunt & Maksimovic，1999）[3] 指出，某些公司财政补贴资金的庞大使得这些企业可以放弃对债务资金的需要，政府通过保持对货币供应的可预测值为公司债务发行提供便利。赫瓦贾和米杨（Khwaja & Mian，2005）[4] 发现有政治关系的公司更容易获得银行贷款，其贷款拖欠归还的概率比其他企业高1/2 不止。法乔（Faccio，2006）[5] 表明公司的政治关系有助于它们获得债务融资。这种影响在腐败严重、政府干预程度强的国家更明显。钱颖一（1999）[6] 指出，与非国有企业相比，国有企业面临较严重的预算软约束。布兰德和李维斯（Brandt & Lewis，2003）[7] 认为所有制的"金融歧视"

① 姜付秀，黄继承. 市场化进程与资本结构动态调整. 管理世界，2011（3）：124－134.

② Fan，Joseph P. H. ，Titman，Sheridan. ，Twite，Gary. An international comparison of capital structure and debt maturity choices. Journal of Financial and Quantitative Analysis，2012，47（1）：23－56.

③ Demirguc－Kunt，A. ，Maksimovic，V. Institutionals，financial markets，and firm debt maturity. Journal of Financial Economics，1999（54）：295－336.

④ Khwaja，A. ，Mian，A. Do lenders favor politically connected firms? rent provision in an emerging financial market. Quarterly Journal of Economics，2005，120（4）：1371－1411.

⑤ Faccio，M. ，Politically connected firms. American Economic Review，2006，96（1）：369－386.

⑥ 钱颖一. 激励与约束. 经济社会体制比较，1999（5）：7－13.

⑦ Brander，J. ，Lewis，T. Oligopoly and financial structure：The limited liability effect. American Economic Review，1986（76）：956－970.

使得银行信贷资金更多投放给国有公司。所以，政府干预程度高地区的公司更容易从银行获得贷款，这些公司具有高的债务水平。

中国各地区金融业的市场化程度不同，地区金融市场发展的差别表现在银行金融机构构成、效率的差异。在中国，银行一直是国家货币政策的执行者，金融服务的主要提供者，对全社会资金配置有着不可替代的作用，对获得银行贷款的公司有着监督和约束作用。金融市场化程度高的地区，银行等金融机构资金配置权力相对较大，企业融资环境宽松、公司运营透明。这些地区的金融机构更易获得公司生产经营数据，信息不对称的降低使得他们对公司的信用评价更客观，从而降低了企业外部债务筹资成本，企业更愿意、也更有可能获得金融机构的资金支持，公司表现为较高的负债水平。金融市场化发展程度低的地区，理财工具的缺失使得居民更多将资金存在银行，形成金融高地。但是当地企业的经营状况又使得银行等金融机构对贷款的发放谨慎又谨慎，公司债务融资受限。

本小节采用樊纲和王小鲁等提出的地区市场化进程、金融发展、政府干预、产品市场发育指数研究地区制度环境差异对公司债务保守的影响（表 5 – 17）。

表 5 – 17　　　　　　　　回归结果

变量	（1）	（2）	（3）	（4）	（5）
市场化进程	0.176 15.262 ***	0.094 21.708 ***			
政府干预	−0.042 0.804		0.047 4.662 **		
金融发展	0.037 3.850 *			0.024 6.934 ***	
产品市场发育	0.020 0.305				0.045 4.949 **
规模	−0.452 135.830 ***	−0.451 135.130 ***	−0.418 122.572 ***	−0.427 124.700 ***	−0.416 121.567 ***

变量	(1)	(2)	(3)	(4)	(5)
成长性	0.381 81.728 ***	0.373 81.024 ***	0.398 92.233 ***	0.382 83.844 ***	0.403 94.141 ***
可抵押资产	-1.448 34.761 ***	-1.403 33.722 ***	-1.550 41.724 ***	-1.455 36.113 ***	-1.586 43.200 ***
盈利能力	10.275 162.431 ***	10.286 163.079 ***	10.083 160.633 ***	10.165 161.148 ***	10.096 161.067 ***
常量	6.692 61.362 ***	6.803 67.248 ***	6.412 59.822 ***	6.801 67.096 ***	6.383 58.996 ***
H-L检验	12.837	7.283	4.425	6.542	2.753

注：*** 、** 、* 分别表示在1%、5%和10%的显著性水平下显著。

结果表明，市场化进程快地区的公司不使用债务融资、采用债务保守策略的概率更大；政府干预程度越高地区公司债务保守的概率要小，但是不具有统计显著性。地区金融发展指数与公司债务保守正相关，金融发展越发达地区公司获得更多的市场信息，公司经营相对较好，资金来源渠道更多，在股权市场上融资便捷使得他们更可能减少对债务资本的依赖，甚至不负债。产品市场发育程度与公司债务保守正相关，产品市场发育良好的地区，产品价格公开，非垄断的市场使得公司只要做好产品，建立起良好的销售渠道就可以获得足够的现金流，因此它们采用债务保守融资策略的概率更大。

5.6.2 资本市场与公司债务保守

中国资本市场中债券市场与股票市场发展非常不平衡，债券市场发展的滞后使得公司发行企业债券比较困难，与发达国家相比，中国公司外部直接融资更多通过股权融资实现。

对债务保守公司与杠杆公司在资本市场上融资工具选择和募集资金差异（表5-18）比较发现，杠杆公司虽然在股票增发和配股次数上显著多于债务保守公司，但是在募集资金金额上两者并没有显著差异。但是，相比杠杆公司，债务保守公司首次发行股票金额明显要高，超过了杠杆公司2.165 亿元，在 5% 显著性水平下具有统计显著性。并且，债务保守公司的现金分红次数和金额都明显高于匹配的杠杆公司，这说明债务保守公司具有良好的业绩表现。

表 5 - 18　　　　债务保守公司与杠杆公司资本市场融资差异

指标	债务保守公司	杠杆公司	均值差异	T 检验值
派现/募资比	0.723	0.312	0.411	3.796 ***
首发（亿元）	5.134	2.969	2.165	2.534 **
增发（亿元）	7.226	9.284	-2.058	-1.101
配股（亿元）	1.508	1.898	-0.390	-1.121
发行可转债（亿元）	0.399	0.328	0.071	0.381
现金分红（亿元）	6.797	3.342	3.455	2.393 **
可转债付息（亿元）	0.005	0.003	0.001	0.434
现金分红次数	6.603	5.892	0.711	1.858 *
增发次数	0.419	0.694	-0.274	-4.360 ***
配股次数	0.568	0.769	-0.201	-2.767 ***
发行可转债次数	0.039	0.042	-0.003	-0.148
可转债付息次数	0.074	0.123	-0.049	-0.829

注：***、**、* 分别表示在 1%、5% 和 10% 的显著性水平下显著。

　　建国以来，居民理财产品的短缺使得人们只能将多余的资金存在银行，或者购买国债等产品获得利息收益，尤其是改革开放之后，经济的发展使得居民的财富增加迅速，如何获得资本收益成为民众关心的问题。这样，当股票市场建立之后，上市公司的优质资产吸引了大量资金涌入股票等资本市场，上市公司很容易获得资金支持。而中国市场投资者的非理智和股市高涨带来的"羊群效应"使得更多资金进入资本市场，资金的充裕对于公司股权融资非常有利。事实上，在中国资本市场上很长一段时间内都存在着公司股票发行募集资金远远超过计划募集资金的现象，这与西方发达国家资本市场的股票理性定价机制完全不同。表 5 - 19 的统计结果证实，中国公司首次股权募集资金（IPO）超募是公司债务保守的主要原因之一。

表 5 - 19 债务保守公司与杠杆公司 IPO 融资比较

融资类型	债务保守公司（万元）	杠杆公司（万元）	均值差	T 值
计划募集资金	7742.69	6145.79	1596.896	0.7937
实际募集资金	55047.80	31084.72	23963.084	2.845 ***
超募资金	47305.11	24938.92	22366.188	3.311 ***

注： *** 表示在1%的显著性水平下显著。

5.7

本 章 小 结

通过匹配样本，本章深入研究了中国公司债务保守产生的原因，从而发现，解释西方发达国家不负债的融资约束、保留财务弹性的假说对于中国公司零有息负债的极端债务保守融资选择具有一定的解释力。但是，管理者防御和产品市场竞争的假说更带有中国特色，用中国制度环境、股权结构、资本市场发展现状解释公司债务保守更具有说服力。市场化进程越高地区的公司不使用债务融资的概率越大；产品市场发育越完善地区的公司使用零负债的可能性越大；金融发展程度越高地区公司债务保守的概率越低，两者负相关。股权高度集中和 IPO 超募是中国公司债务保守的主要原因。

第 **6** 章

债务保守公司业绩分析

在资本市场上，投资者进行股票投资的分析方法通常有以下三种，基本分析法、技术分析法和演化分析法。在采用基本分析法进行投资决策的投资者中，一些投资者深信公司的利润可以通过提高公司股票价格的形式给股东带来收益，他们更关注公司的利润表；一些投资者坚信资产负债表是评价公司财务健康程度和公司内在风险的重要工具，他们更关注公司的资产负债表。资产负债表的核心条目之一就是告诉公司负债有多少。正如绪论中作者指出的那样，按照资本结构经典理论的观点，公司适度负债能够使公司获得税收抵免收益，从而增加公司价值。

但是已有实证研究表明，公司财务杠杆与公司业绩具有相关性，两者之间的关系矛盾且复杂。班达里（Bhandari，1988）[1] 证明公司杠杆与普通股股票收益之间存在正相关关系；阮素梅等（2015）[2] 运用结构方程分析结果表明在中国，公司资本结构对其财务业绩和市场业绩均表现为显著的正向影响。也就是说，在其他条件相当的情况下，有负债公司的业绩应该比无负债公司业绩好，在一定条件下，负债高的公司业绩比低负债的公司业绩好。陈小悦和李晨（1995）[3] 发现上海上市公司股票市场收益与资产负债率正相关。然而，科特维格（Korteweg，2004）[4]、彭曼等（Pen-

---

① Bhandari, L. C. Debt/equity ratio and expected common stock returns: Empirical evidence. Journal of Finance, 1988 (43): 507 – 528.

② 阮素梅，杨善林，张莉. 公司治理与资本结构对上市公司价值创造能力综合影响的实证研究. 中国管理科学，2015，23（5）：168 – 176.

③ 陈小悦，李晨. 上海股市的收益与资本结构关系实证研究. 北京大学学报（哲学社会科学版），1995（1）：72 – 79.

④ Korteweg, A. Financial leverage and expected stock returns: Evidence from pure exchange offers. Working Paper, 2004.

man et al. , 2007)① 的研究结果则与此截然相反，他们发现公司债务融资比例与股票收益负相关。而韦尔奇（Welch，(2004)② 在分析股票收益对公司债券权益比动态影响时发现股票收益能解释公司资本结构变化的40%；曹裕等（2010)③ 对中国上市公司研究表明公司的业绩影响公司短期负债率，公司盈利能力越好其短期负债率越低。

哲学观点指出，事物总是分为两方面的。资本结构经典理论指出公司适度负债能够给公司带来收益。然而，负债的存在使得公司必须首先归还债务，这将限制公司向股东支付股利。股利政策信号理论认为，股利政策是公司管理者向外部投资者传递公司经营状况和未来前景的信息。外部投资者可能通过股利支付水平判断公司的经营状况，确定自己的投资决策。如果投资者出于这样的分析，那么没有负债的公司更可能受到投资者的欢迎，零杠杆的融资策略既表明这些公司具有较高的增长能力，也表示企业能产生更多现金，公司具有较高的财务弹性。

美国"股神"沃伦·巴菲特（Warren Buffett）曾说："在没有杠杆援助的情况下，好的公司或其投资决策将带来令人满意的经济结果。"④ 本章通过研究债务保守公司的业绩以验证资本结构经典理论的观点，相比有负债公司，低杠杆的公司真的不具有投资价值？还是与现有资本结构经典理论相反，债务保守公司的市场业绩更好？

6.1

业 绩 度 量

金融投资研究中一个基本的概念就是，与无风险资产相比，风险资产应该获得较高的预期收益。风险越高，资产的回报应该越高。如果某种资

---

① Penman, S. H. , Richardson, S. A. , Tuna, I. The book-to-price effect in stock returns: Accounting for leverage. Journal of Accounting Research, 2007, 45 (2): 427 – 467.

② Welch, I. Capital structure and stock returns. Journal of Political Economy, 2004, 112 (1): 106 – 131.

③ 曹裕，陈晓红，万光羽. 基于企业生命周期的上市公司融资结构研究. 中国管理科学，2009，17 (3): 150 – 158.

④ 1987 年巴菲特给股东的信（英文原版）. http: //finance. qq. com/a/20100430/007063.

产具有超过风险调整后的超额收益，投资者认为这种资产具有"正的风险溢价"或"超额收益"。理性投资者会不断地选择具有高风险溢价的资产进行投资。

关于公司业绩的度量有不同的选择①②③，财务管理相关研究通常使用资产收益率、每股收益等财务指标判断公司业绩的好坏。金融领域的研究更多考虑的是股票市场回报，一般选择股票市场收益率作为业绩的衡量指标。

为了评价长期持有债务保守公司和杠杆公司的市场业绩，在第5章研究样本的基础上，借鉴刘卫民和斯特朗（Liu & Strong，2008）④ 的研究，分别构建债务保守和杠杆公司投资组合。投资组合构建选择了半年滞后期。也就是说，投资者依据上年年末公司杠杆构建投资组合，投资组合构建开始的时间推迟半年。中国证券监督委员规定："上市公司应当在每个会计年度结束后的四个月内编制完成年度报告，并将年度报告登载于中国证监会指定的国际互联网网站。"这样，公司上一年年报公布的时间大概在第二年的四五月间。这样，投资者根据年报中的公司杠杆值构建投资组合的月份最早也就是第二年5月。但是，考虑到某些公司可能存在年报公布滞后的现象，投资者在看到年报后分析决策也需要时间。因此，为了保证投资组合的可行性和与实际投资的相符性，将投资组合构建的开始时间推迟半年，即从第二年的6月开始形成组合。

例如，如果A公司和B公司1993年的杠杆值为零，那么假设投资者在1994年6月初买入A、B两家公司的股票，并持有它们至1994年5月。以此类推，就可以构建出所有债务保守公司1993～2011年的投资组合。同样的处理方法也可以构建出对照组公司各年的投资组合。最后计算获得债务保守公司与杠杆公司投资组合2005年6月至2012年5月各84个月

---

① 阮素梅，杨善林，张莉. 公司治理与资本结构对上市公司价值创造能力综合影响的实证研究. 中国管理科学，2015，23（5）：168-176.

② 谢德仁，林乐. 管理层语调能预示公司未来业绩吗？——基于我国上市公司年度业绩说明会的文本分析. 会计研究，2015（2）：20-28.

③ 邢斌，徐龙炳. 超募、投资机会与公司价值. 会计研究，2015，41（9）：65-78.

④ Liu, W., Strong, N. Biases in decomposing holding-period portfolio returns. The Review of Financial Studies，2008，21（5）：2243-2274.

的收益数据。

6.1.1 市场业绩

（1）股票收益率。

$$r_{it} = \frac{p_{it}}{p_{it-1}} - 1 \tag{6.1}$$

其中：r_{it}公司 i 在 t 月的市场收益率；p_{it}是公司 i 在 t 月最后一个交易日考虑现金股利再投资的日收盘价的可比价格；p_{it-1}是公司 i 在 t-1 月最后一个交易日考虑现金股利再投资的日收盘价的可比价格。

（2）无风险利率。

无风险利率是把中国人民银行规定的定期整存整取一年期利率，根据复利计算方法将年度的无风险利率转化为月度无风险利率。

$$R_{ft} = \sqrt[12]{(1+R)} - 1 \tag{6.2}$$

其中：R_{ft}是 t 月的无风险利率；R 是当年定期整存整取一年期利率。

（3）市场收益率。

市场收益率是股票市场上所有股票的加权平均收益率。权重的计算包括等权平均法、流通市值平均法和总市值平均法。

$$R_{mt} = \frac{\sum w_{it}r_{it}}{\sum w_{it}} \tag{6.3}$$

其中：R_{mt}是市场收益率；r_{it}是公司 i 在 t 月的市场收益率；w_{it}是公司 i 在 t 时期的权重。

在计算公司、市场等权月收益率的基础上，根据公司的流通市值和总市值，分别计算了公司流通市值加权月收益率和总市值加权月收益率；依据资本市场所有上市公司流通市值和总市值计算了流通市值加权的市场月收益率和总市值加权的市场月收益率。而关于公司流通市值和总市值的计算是：公司第 t 月的流通市值是公司第 t 月的流通股股数与当月股票收盘价的乘积。公司第 t 月的总市值是公司第 t 月发行的总股数与当月股票收盘价的乘积。公司市场月度收益率选择了考虑现金股利再投资的月个股收益率。

（4）投资组合收益率。

投资组合月收益率是根据当月组合中的每个公司的月收益率计算的。

$$R_{pt} = \frac{\sum w_{it}r_{it}}{\sum w_{it}} \tag{6.4}$$

其中：R_{pt} 是第 t 月投资组合的市场收益率；r_{it} 是组合中公司 i 在 t 月的市场收益率；w_{it} 是组合中公司 i 在 t 时期的权重。

本书首先计算出投资组合的等权月收益率，再根据公司的流通市值和总市值，分别计算组合的流通市值加权月收益率和总市值加权月收益率。

（5）詹森 α 系数。

詹森 α 系数也叫 α 系数，最早是用来评价基金经理业绩的指标。[1] 现在，人们通过计算 α 系数用以计量某只基金或某一投资组合的业绩，反映基金或投资组合的绝对收益与资本资产定价模型（Capital Asset Pricing Model，CAPM）计算出来的预期收益之间的差额。

$$R_{pt} - R_{ft} = \alpha_p + \beta_p(R_{mt} - R_{ft}) + \varepsilon_t \tag{6.5}$$

其中：R_{pt} 是组合 p 在 t 期的超额收益；R_{mt} 是 t 期市场组合的超额收益；β_p 是组合 p 的 β 系数；ε_t 表示 t 期的残差项。

α_p 就是詹森 α 系数。

（6）信息比率。

信息比率又被称为夏普指数或夏普信息比率（Sharpe Information ratio），是 1990 年度诺贝尔经济学奖得主威廉·夏普（William Sharpe）在资本资产定价模型 CAPM 基础上计算获得的，用以衡量金融资产的业绩表现。[2][3]夏普比率是用投资组合平均收益超过市场组合收益部分除以这种超额收益的标准差，反映投资组合单位风险所产生的超额收益，是一个可以同时对收益与风险加以综合考虑的业绩评价指标之一。

① Jensen, M. C. The performance of mutual funds in the period 1945 – 1964. The Journal of Finance, 1968 (23): 389 – 416.

② Sharpe, W. F. Mutual fund performance. Journal of Business, 1966, 39 (S1): 119 – 138.

③ Sharpe, W. F. The sharpe ratio. The Journal of Portfolio Management, 1994, 21 (1): 49 – 58.

$$IR_{pt} = \frac{(\overline{R_{pt}} - R_{mt})}{\sigma_{pmt}} \tag{6.6}$$

其中：IR_{pt}是投资组合 p 的夏普比率；$\overline{R_{pt}}$是 t 时期内投资组合 p 的平均收益；

R_{mt}是 t 时期内市场组合平均收益；

σ_{pmt}是 t 时期投资组合平均收益超过市场组合收益的标准差。

1998 年，古德温（Goodwin）[①] 发现，如果投资组合的超额收益是用历史数据计算的，就像用 CAPM 单因子模型估计詹森 α 系数，那么夏普比率可以简化为

$$IR_p = \frac{\alpha_p}{\sigma_e} \tag{6.7}$$

其中：α_p 就是詹森 α 系数。σ_e 是 CAPM 单因子模型回归残差项的标准差。

基于投资组合每年定期分配给投资者的收益，可以将信息比率根据每年返还收益的期数按照公司下式转换为年化信息比率。

$$AIR_p = \sqrt{T}IR_p \tag{6.8}$$

格瑞德和卡恩（Grinold & Khan，2000）[②] 指出，通常，年化信息比率在 0.5 ~ 1.0 之间是比较合适的，当年化信息比等于 0.5 时表明投资组合的业绩不错，当年化信息比等于 1 时则表明投资组合的业绩非常好。

（7）持有期异常收益。

为了评价债务保守公司的长期业绩，本章使用法玛和弗锐驰（Fama & French，1993）[③] 的三因子模型，计算债务保守公司投资组合与负债公司投资组合买入并持有一年的异常收益。

$$R_{pt} - R_{ft} = \alpha + \beta(R_{mt} - R_{ft}) + \gamma SMB_t + \delta HML_t + \varepsilon_t \tag{6.9}$$

其中：R_{pt}投资组合的月收益；R_{ft}无风险利率；

① Goodwin, T. H. The information ratio. Financial Analysts Journal, 1998, 54 (4): 34 – 43.

② Grinold R. C. , Khan R. N. The efficiency gains of long-short investing. Financial Analysts Journal, 2000, 56 (6): 40 – 53.

③ Fama, E. , French, K. Common risk factors in the returns on stocks and bonds. Journal of Financial Economics, 1993 (33): 3 – 56.

R_{mt}市场的月收益；（$R_{mt} - R_{ft}$）市场溢酬因子；

SMB$_t$小规模公司组合与大规模公司组合月收益的差值，表示市值因子；

HML$_t$高账市比组合与低账市比组合月收益差值，表示账市值比因子；

ε_t回归的残差项；

α投资组合的月平均异常收益。

如果投资组合不存在异常收益，那么回归的截距项α就等于零。负（正）的α表明在控制了市场、规模和账市比效应之后，投资组合的业绩比市场低（高）。

6.1.2 财务业绩

公司的财务业绩是指它的会计业绩，本书选择公司资产净利率（ROA）和净资产收益率（ROE）、每股收益（EPS）作为财务业绩的替代指标。

$$资产净利率（ROA）= \frac{净利润}{总资产} \tag{6.10}$$

$$净资产利润率（ROE）= \frac{净利润}{所有者权益} \tag{6.11}$$

$$每股收益（EPS）= \frac{净利润 - 优先股股利}{公司普通股股数} \tag{6.12}$$

6.2

实证结果分析

表6-1是债务保守公司与杠杆公司财务业绩的对比。Panel A表明，与匹配的杠杆公司相比，债务保守公司的财务业绩更好。债务保守公司资产净利率平均达到9%，净资产收益率平均为14.1%，每股收益达到0.45元；杠杆公司的资产净利率和净资产收益率分别为 - 0.4%和 - 12.2%，每股收益为0.09元。债务保守公司与杠杆公司财务业绩存在显著的统计差异；杠杆公司经营处于亏损状态，负债并没有给公司带来更好的业绩表现。

表 6 - 1 公司财务业绩对比

Panel A 全样本

变量	债务保守公司	杠杆公司	均值差异	T 检验值
总资产净利率	0.09	- 0.004	0.095	6.099 ***
净资产收益率	0.141	- 0.122	0.263	2.504 **
每股收益	0.45	0.09	0.36	9.701 ***

Panel B 债务保守公司

变量	国有控股公司	非国有控股公司	均值差异	T 检验值
总资产净利率	0.095	0.088	0.007	0.250
净资产收益率	0.095	0.166	- 0.071	- 2.167
每股收益	0.465	0.441	0.024	0.358

Panel C 国有控股公司

变量	债务保守公司	杠杆公司	均值差异	T 检验值
总资产净利率	0.095	0.003	0.092	2.857 ***
净资产收益率	0.095	0.015	0.080	3.758 ***
每股收益	0.465	0.115	0.350	6.032 ***

Panel D 非国有控股公司

变量	债务保守公司	杠杆公司	均值差异	T 检验值
总资产净利率	0.088	- 0.009	0.096	6.095 ***
净资产收益率	0.166	- 0.209	0.375	2.198 **
每股收益	0.441	0.074	0.367	7.631 ***

注：*** 、** 分别表示统计结果在 1% 和 5% 的显著性水平下显著。

Panel B 是债务保守公司按照公司控股权性质分类后的财务业绩对比，发现公司债务保守公司控股权性质的差异不影响它们的财务业绩，即国有和非国有控股的债务保守公司财务业绩没有显著差异。

Panel C 和 Panel D 是根据公司控股权性质分类统计结果。由表中可知，公司控股权不同不影响债务保守公司的财务业绩，无论是国有、还是非国有控股的债务保守公司财务业绩都优于对应的非国有控股的杠杆公司业绩，并且这种业绩差异存在统计显著性。

表 6 - 2 是不同行业投资组合平均月收益、标准差与变异系数及两样本

表6-2 不同行业投资组合月均收益描述

Panel A 收益

行业	检验项目	债务保守公司			杠杆公司		
		等权	流通市值加权	总市值加权	等权	流通市值加权	总市值加权
农林牧副渔业	月均收益	0.0180	0.0190	0.0180	0.0100	0.0120	0.0110
	标准差	0.1470	0.1484	0.1436	0.1194	0.1185	0.1183
	变异系数	7.9494	7.8328	7.9730	12.3076	9.9434	10.5620
	杠杆		0			0.4754	
采掘业	月均收益	0.0330	0.0330	0.0330	0.0340	0.0340	0.0350
	标准差	0.1066	0.1063	0.1040	0.1450	0.1460	0.1501
	变异系数	3.2519	3.1909	3.1818	4.2815	4.3405	4.3366
	杠杆		0			0.3950	
制造业	月均收益	0.0240	0.0280	0.0290	0.0220	0.0290	0.0290
	标准差	0.1594	0.1577	0.1583	0.1377	0.1386	0.1436
	变异系数	6.7387	5.5454	5.4205	6.2288	4.7874	4.9590
	杠杆		0			0.4283	
电力、煤气及水的生产和供应业	月均收益	0.0150	0.0150	0.0150	0.0160	0.0200	0.0190
	标准差	0.1670	0.1650	0.1660	0.1240	0.1240	0.1230
	变异系数	10.8286	11.1610	10.7935	7.5721	6.2140	6.6166
	杠杆		0			0.4782	

续表

Panel A 收益

行业	检验项目	债务保守公司			杠杆公司		
		等权	流通市值加权	总市值加权	等权	流通市值加权	总市值加权
建筑业	月均收益	0.0010	0.0010	0.0010	0.0220	0.0250	0.0260
	标准差	0.1095	0.1095	0.1095	0.1431	0.1494	0.149
	变异系数	101.3231	101.3231	101.3100	6.6251	5.8752	5.8375
	杠杆		0			0.3788	
交通运输、仓储业	月均收益	0.0110	0.0140	0.0140	0.0210	0.0250	0.0250
	标准差	0.1010	0.1030	0.1040	0.1390	0.1440	0.1470
	变异系数	9.5850	7.5680	7.5100	6.7600	5.6670	5.9070
	杠杆		0			0.4479	
信息技术业	月均收益	0.0180	0.0170	0.0230	0.0350	0.0400	0.0410
	标准差	0.1350	0.1240	0.1470	0.2970	0.3000	0.3000
	变异系数	7.5110	7.4200	6.5240	8.4490	7.4550	7.2870
	杠杆		0			0.4750	
批发和零售贸易业	月均收益	0.0140	0.0160	0.0160	0.0220	0.0270	0.0260
	标准差	0.1033	0.1072	0.1044	0.1687	0.1695	0.1691

续表

Panel A 收益

行业	检验项目	债务保守公司			杠杆公司		
		等权	流通市值加权	总市值加权	等权	流通市值加权	总市值加权
	变异系数	7.6202	6.5551	6.4539	7.8132	6.2726	6.5919
	杠杆		0			0.4095	
房地产业	月均收益	0.0280	0.0300	0.0300	0.0230	0.0250	0.0220
	标准差	0.2090	0.2130	0.2140	0.1420	0.1380	0.1350
	变异系数	7.3340	7.1330	7.2170	6.2940	5.6440	6.0580
	杠杆		0			0.4110	
社会服务业	月均收益	0.0120	0.0180	0.0160	0.0220	0.0260	0.0240
	标准差	0.1430	0.1590	0.1480	0.1290	0.1300	0.1290
	变异系数	11.7440	8.8160	9.2180	5.8060	5.0930	5.3320
	杠杆		0			0.3910	
传播与文化产业	月均收益	0.0160	0.0150	0.0150	0.0220	0.0240	0.0230
	标准差	0.1740	0.1730	0.1720	0.1470	0.1440	0.1440
	变异系数	11.1770	11.3860	11.2870	6.7470	6.1110	6.1900
	杠杆		0			0.4570	

续表

Panel A 收益

行业	检验项目	债务保守公司			杠杆公司		
		等权	流通市值加权	总市值加权	等权	流通市值加权	总市值加权
综合类	月均收益	0.0190	0.0180	0.0200	0.0240	0.0280	0.0280
	标准差	0.1725	0.1656	0.1774	0.1510	0.1340	0.1381
	变异系数	8.9702	9.1424	8.8495	6.3483	4.8546	4.8639
	杠杆		0			0.4325	

Panel B Wilcoxon 检验

项目	月收益	标准差	变异系数
等权	-0.8475	-0.0577	-2.0785**
流通市值加权	-1.0207	0	-2.4249**
总市值加权	-0.7898	-0.0866	-2.1939**

注：** 表示在 5% 显著性水平下显著。

威尔科克森序列检验（Wilcoxon Test）的 Z 值。结果表明，债务保守公司组合与匹配杠杆公司组合的月均收益 Z 检验值是 −0.8475，公司月均收益不存在显著差异。两类公司投资组合月均收益变异系数的 Z 检验值等于 −2.0785，在 5% 显著性水平下显著，两类公司的月均收益的波动有显著差异。

表 6 − 3 中 Panel A 是分别买入持有一年债务保守公司组合、杠杆公司组合的月平均收益。债务保守公司组合和杠杆公司组合买入持有一年的月平均收益分别为 2.7% 和 3.9%，两者没有显著差异。

表 6 − 3　　　　　　　　买入持有投资组合平均月收益

Panel A 全样本

项目	债务保守公司	杠杆公司	均值差异	T 检验值
等权	0.027	0.039	− 0.125	− 0.645
流通市值	0.031	0.041	− 0.010	− 0.543
总市值	0.032	0.052	− 0.020	− 0.989

Panel B 债务保守公司

项目	国有公司	非国有公司	均值差异	T 检验值
等权	0.045	0.016	0.029 **	3.581
流通市值	0.051	0.014	0.037 ***	4.302
总市值	0.053	0.013	0.040 **	2.950

Panel C 国有公司

项目	债务保守公司	杠杆公司	均值差异	T 检验值
等权	0.045	0.034	0.011 *	2.145
流通市值	0.051	0.031	0.020 **	2.692
总市值	0.053	0.031	0.022 **	4.203

Panel D 非国有公司

项目	债务保守公司	杠杆公司	均值差异	T 检验值
等权	0.016	0.024	0.000	0.027
流通市值	0.014	0.024	0.000	0.016
总市值	0.013	0.038	− 0.008	− 0.384

注：***、**、* 分别表示统计结果在 1%、5% 和 10% 的显著性水平下显著。

但是，根据公司所有权性质重新构建投资组合后发现组合的月平均收益有了明显的变化。Panel B 结果表明，国有债务保守公司投资组合月均收益为 4.5%，非国有债务保守公司投资组合月均收益为 1.6%，两者的差值达到 2.9%，在 5% 的显著性水平下显著。相比非国有债务保守公司，国有债务保守公司组合具有较好的市场业绩。Panel C 结果表明，国有债务保守公司组合月均收益显著高于匹配的杠杆公司组合的收益，两者的差异达到 1.1%；而 Panel D 则显示非国有债务保守公司投资组合收益与对应的匹配杠杆公司组合收益没有显著差异。

表 6-4 是买入持有一年不同行业债务保守公司组合与杠杆公司组合的詹森系数和年化夏普信息比率。债务保守公司组合中，詹森 α 系数除了建筑业为负外其余各行业的值都是正的，只有采掘业詹森 α 系数 0.015 在 5% 的显著性水平下显著，采掘业杠杆公司组合詹森 α 系数为 0.022，在 1% 显著性水平下显著，中国严重依赖资源投入的现状使得这些行业的市场业绩较好。

各行业投资组合年化夏普信息比率存在显著差异。除了采掘业和社会服务业的杠杆公司组合，其他债务保守公司和杠杆公司投资组合年化信息比率值都小于 0.5，投资组合的业绩并不突出。中国资本市场发展不完善，经济政策与市场制度的不稳定使得中国股票市场表现出更多的"政策市"特征，政府政策对投资者具有很强的引导作用，投资者的非理性行为往往使得资本市场对政府政策、制度过度解读，导致市场的人为因素过多。

表 6-5 是买入持有一年债务保守公司投资组合与杠杆公司投资组合的超额收益对比。由 Panel A 可知，在控制了众所周知的资产定价因子：市场、规模和账市比之后，债务保守公司投资组合的超额收益为 1.2%，杠杆公司投资组合的超额收益为 1.4%，但都不具有统计显著性，这与扎赫尔（Zaher，2010）[①]、李和穆恩（2011）的研究结论不一致。他们研究表明在美国，采用债务保守策略公司组合的短期、长期市场业绩都好于匹

---

① Zaher, Tarek S. Performance of debt free firms. Managerial Finance, 2010, 36 (6): 491 - 501.

表6-4 买入持有一年不同行业投资组合的超额收益

Panel A 等权收益

行业	债务保守公司			杠杆公司		
	詹森系数	T值	年化信息比率	詹森系数	T值	年化信息比率
农林牧副渔	0.008	0.77	0.385	0.003	0.44	0.221
采掘业	0.015	2.09**	1.003	0.022	2.75***	0.758
制造业	0.007	1.56	0.443	0.007	2.12**	0.474
电力、煤气及水的生产和供应业	0.002	0.25	0.255	0.004	0.80	0.365
建筑业	-0.004	-0.32	-0.020	0.006	0.82	0.462
交通运输、仓储业	0.003	0.66	0.285	0.008	1.24	0.430
信息技术	0.007	0.92	0.376	0.018	1.04	0.372
批发和零售贸易业	0.005	1.12	0.380	0.004	0.93	0.376
房地产业	0.007	0.76	0.415	0.008	1.63	0.470
社会服务业	0.008	1.15	0.217	0.010	1.46	0.527
传播与文化产业	0.008	0.62	0.265	0.010	1.46	0.463
综合类	0.006	0.81	0.333	0.008	1.86*	0.470

Panel B 流通市值加权收益

行业	债务保守公司			杠杆公司		
	詹森系数	T值	年化信息比率	詹森系数	T值	年化信息比率
农林牧副渔	0.004	0.68	0.392	0.003	0.58	0.287

续表

Panel B 流通市值加权收益

行业	债务保守公司			杠杆公司		
	詹森系数	T值	年化信息比率	詹森系数	T值	年化信息比率
采掘业	0.017	2.25	1.023	0.012	4.99	0.747
制造业	0.011	2.06	0.553	0.012	4.99	0.642
电力、煤气及水的生产和供应业	0	-0.06	0.244	0.006	1.25	0.466
建筑业	-0.001	-0.08	-0.020	0.007	0.96	0.531
交通运输、仓储业	0.005	1.02	0.383	0.011	1.67	0.532
信息技术	0.004	0.67	0.374	0.020	1.14	0.427
批发和零售贸易业	0.007	1.32	0.456	0.007	1.65	0.485
房地产业	0.005	0.54	0.429	0.009	1.87	0.531
社会服务业	0.011	1.40	0.323	0.011	1.72	0.611
传播与文化产业	0.005	0.44	0.259	0.012	1.20	0.515
综合类	0.003	0.53	0.323	0.012	2.88	0.629

Panel C 总市值加权收益

行业	债务保守公司			杠杆公司		
	詹森系数	T值	年化信息比率	詹森系数	T值	年化信息比率
农林牧副渔	0.008	0.75	0.382	0.004	0.68	0.267
采掘业	0.008	0.75	1.025	0.022	2.57**	0.749

续表

Panel C 总市值加权收益

行业	债务保守公司			杠杆公司		
	詹森系数	T值	年化信息比率	詹森系数	T值	年化信息比率
制造业	0.013	2.72***	0.567	0.013	4.6***	0.620
电力、煤气及水的生产和供应业	0.002	0.25	0.255	0.007	1.26	0.431
建筑业	-0.004	-0.32	-0.020	0.010	1.25	0.535
交通运输、仓储业	0.007	1.24	0.387	0.012	1.72*	0.509
信息技术	0.011	1.33	0.453	0.024	1.36	0.438
批发和零售贸易业	0.008	1.57	0.463	0.008	1.78*	0.458
房地产业	0.007	0.82	0.424	0.008	1.81*	0.487
社会服务业	0.012	1.57	0.301	0.012	1.75*	0.580
传播与文化产业	0.008	0.61	0.262	0.014	1.32	0.508
综合类	0.006	0.86	0.339	0.014	3.18***	0.630

Panel D Wilcoxon检验

项目	詹森系数	年化信息比率
等权收益	-1.75*	-2.0926**
流通市值加权收益	-2.155**	-2.3393**
总市值加权收益	-2.4009**	-2.1541**

注:***、**、*分别表示统计结果在1%、5%和10%的显著性水平下显著。

表 6 - 5　　　　　　　　　买入持有投资组合超额收益

Panel A 全样本

项目	债务保守公司		杠杆公司	
	超额收益	T 检验值	超额收益	T 检验值
等权	0.010	1.202	− 0.023	− 0.965
流通市值	0.012	0.781	− 0.014	− 0.693
总市值	0.009	0.640	− 0.048	− 1.172

Panel B 按公司性质分类

项目	公司类型	债务保守公司		杠杆公司	
		超额收益	T 检验值	超额收益	T 检验值
等权	国有控股	0.043 *	1.896	− 0.052	− 1.134
	非国有控股	0.003	0.105	− 0.014	− 0.876
流通市值	国有控股	0.058 *	1.932	− 0.048	− 1.010
	非国有控股	0.001	0.071	0.023	1.159
总市值	国有控股	0.031 *	1.870	− 0.065	− 1.280
	非国有控股	− 0.007	− 0.223	− 0.003	− 0.054

注：＊表示统计结果在 10% 的显著性水平下显著。

配的杠杆公司组合，债务保守公司健康的财务状况，较高的成长机会和更多的财务弹性在资本市场都有反映。中国债务保守公司市场业绩与斯托布拉维和杨（2006）的研究结论也不一致，他们发现大多数零杠杆公司有显著负的异常收益。

然而，依据公司所有权性质重新构架投资组合计算后发现，国有债务保守公司投资组合具有显著为正的超额收益，其值为 5.8%（3.1%），而非国有公司投资组合，无论债务保守公司还是非债务保守公司组合，都没有显著的超额收益（Panel B）。

6.3

本 章 小 结

本章采用债务保守公司和杠杆公司匹配样本，根据公司上年杠杆值构建了投资组合，计算出投资组合买入持有一年的组合月收益和超额收益，研究分析了债务保守公司与杠杆公司业绩差异，发现债务保守公司的资产净利率、净资产收益率和每股收益都高于匹配杠杆公司，它们的财务业绩优于杠杆公司，具有统计显著性；两者的市场业绩不存在显著差异，但是如果考虑了公司控股权性质之后，国有控股的债务保守公司组合的市场业绩明显好于非国有控股的债务保守公司。

第 7 章

结论与建议

资本结构理论与实证分析一直以来都是公司金融研究的热点之一，公司使用何种融资工具、选择怎样的杠杆是公司财务管理的重点，合适的资本结构既有助于提高公司治理效果，又能增加公司价值、给公司股东带来切实的收益。

公司负债既包括应付账款、应付工资等商业信用产生的债务，也包括短期和长期借款、发行债务等公司主动融资行为产生的有息负债。有息负债的变化对公司经营活动影响巨大，对有息债务的使用更多反映了公司管理者的经营理念和管理方式、公司的竞争战略。本书采用规范分析和实证检验相结合的方法，重点研究了有息负债为零的公司产生的原因及其外在表现、经济后果。本章在总结前面各章研究结论的基础上，提出理论与政策建议，指出未来的研究方向。

7.1

研 究 结 论

（1）中国公司债务保守不是个例，也不是临时现象。中国资本市场建立至今，公司债务保守的比例呈现逐年上升的趋势。1992 年债务保守公司比例为 6.7%，到了 2012 年，这一比例上升到 11.73%。所有 A 股主板上市的非金融公司中，370 家公司不使用债务融资、采用零杠杆的资本结构，57 家公司曾经连续五年甚至更多年份不使用有息债务融资，并且，这些公司也很少使用商业信用负债。但是，采用匹配样本研究结果表明，债务保守公司，无论是国有控股公司，还是非国有控股公司，它们的资产净利率、净资产收益率和每股收益都高于匹配杠杆公司，这些公司的财务业绩优于杠杆公司，且具有统计显著性。这与公司资本结构经典理论不一致。

（2）中国公司债务保守形成的动机既有与发达资本市场国家公司债务相似的地方，又有中国制度背景引致的独特之处。统计结果表明融资受限、保留财务弹性是公司不使用债务、采用债务保守策略的部分原因，这与发达国家公司债务保守研究一致。对发达国家公司债务保守研究表明，管理者防御与公司债务保守正相关，管理者现金薪酬越高，公司债务保守的概率越大。发达资本市场国家公司股权相对分散，公司经营决策以全部股东利益为重，股东大会和董事会决策反映出市场的需求。但是，中国公司债务保守产生具有鲜明的中国特色。中国人力资本市场的不完善使得公司管理者人力资本无法完全通过人力资本市场定价，国有控股公司管理者的任命制和薪酬确定制度决定了管理者薪酬更多表现为现金薪酬、管理者持股比例过低，在公司决策中的作用不如发达国家。中国公司表现出股权集中度过高，在许多企业中存在一股独大的情况。债务保守公司第一大股东持股比例高达 38%，第二大到第十大股东持股比例之和超过 16.5%，两者都显著高于杠杆公司。股权高度集中导致公司在融资决策中更多体现大股东意见。从公司内部来看，中国公司债务保守更多是由于股权集中决定的，控股股东持股比例过高是公司债务保守的主要决定因素。

（3）发达经济体国家公司面临的制度背景和融资环境基本一致，同一国家内公司债务保守原因相似。中国各地区经济发展水平和制度建设存在显著差异，市场化进程千差万别，不同省市地区公司的经营决策环境各不相同，地区市场化进程及其政府对经济的干预程度、地区金融发展和产品市场发育程度导致不同地区公司债务保守比例有所差异。经济发达、市场化程度高的地区公司由于经营灵活、融资渠道更多，它们采用债务保守、零杠杆资本结构的比例更高。地区市场化进程是公司债务保守的外部原因之一。行业产品市场和国家政策的差异是中国不同行业公司债务保守的原因。另外，中国公司发行股票时募集的资金远远高于计划额度也是中国公司债务保守形成的主要原因。

（4）债务保守公司与杠杆公司市场业绩没有显著差异，但是在考虑了公司控股权之后，国有控股的债务保守公司组合市场业绩显著高于非国有控股债务保守公司组合，其收益也明显好于国有控股的杠杆公司组合的收益。在控制市场、账市比、规模等风险因子之后，债务保守公司的超额收益为正，杠杆公司的超额收益为负，都不具有统计显著性。依据控股权将公司重新分组计算结果表明，国有控股债务保守公司组合具有显著为正的超额收益。

7.2

理论与政策建议

（1）资本结构经典理论指出，公司适度负债能够使公司获得利息的税收抵免收益、减少管理者代理成本，进而增加公司价值，给股东带来收益。并且，公司在股票市场上的表现反映公司的经营状况，市场业绩是公司财务业绩的外在表现。本书结论却是公司股票的市场业绩与公司的经营状况不一致，公司所有权结构影响其市场业绩。因此，诞生于诸多严格假设基础上的经典资本结构理论适用性需要进一步的讨论与验证。尤其是在中国这样一个经济转型发展的国家中，资本市场发展处于初级阶段，公司资本结构研究重点首先应侧重于融资工具的选择与使用，只有当资本市场发展到成熟阶段时，资本结构的研究才能考虑最优杠杆的确定。

（2）强化公司治理，改变中国公司中一股独大，股权集中度过高的局面，建立良好的现代公司治理制度，形成完善的公司治理结构，降低和防止大股东对公司利益的侵蚀，保障中小股东的利益。加强人力资本市场建设，建立合理完善的管理者测评体系，尤其是国有控股公司，改变管理者任命现状，实行管理者真正市场选拔。

（3）公司股权融资超募导致中国公司不使用债务融资的资本结构异象反映出中国资本市场发展的不完全性。加强资本市场制度建设，坚持市场化、法制化导向，以信息披露为监管理念，防止公司、保荐人和承销商造假，改变股票市场高发行价、高市盈率和高超募金额的现状，增加公司在资本市场上融资高价圈钱的成本，保证中国资本市场长期健康发展。同时，强化投资者教育学习，减少市场参与者投资的投机心理和从众心理，引导投资者理性投资，形成良好的市场交易环境。逐步改变经济改革发展过程中地区经济发展不均衡态势，推进全国各地区市场化进程和金融发展、产品市场建设，为不同地区公司创立公平的市场竞争环境和融资渠道，促进各地公司的健康发展。

7.3

研 究 展 望

本书仍然存在以下问题需要未来进一步探索。

其一，本研究没有分析创新投入对公司债务保守的影响。今天，全社会都在提倡创新，创新引领企业发展已经成为社会的共识。公司创新投入的风险是否会导致公司债务保守？创新投入的巨大产出是否会增加公司利用债务融资的杠杆效应。

其二，公司有息负债包括短期借款和长期负债，本书重点考察了无有息负债公司的特征与成因。但是，对公司有息负债重构细分后发现中国公司无长期负债公司比例接近 1/3，长期负债资产比小于 5% 公司比例更是接近公司数量的 1/2。因此，考察公司债务期限差异与公司债务保守之间的关系将更有利于认识和掌握中国公司融资规律与特征。

参 考 文 献

[1] 曹裕，陈晓红，万光羽．基于企业生命周期的上市公司融资结构研究．中国管理科学，2009，17（3）：150-158.

[2] 陈建梁，王大鹏．产品市场竞争对企业资本结构的影响．管理科学，2006，19（5）：50-57.

[3] 陈钊．经济转轨中的企业重构：产权改革与放松管制．上海：上海人民出版社，2004.

[4] 陈夏飞．我国上市公司股权融资偏好的行为分析．浙江社会科学，2001（4）：49-51.

[5] 陈小悦，李晨．上海股市的收益与资本结构关系实证研究．北京大学学报（哲学社会科学版），1995（1）：72-79.

[6] 陈艺萍，张信东．公司为什么放弃债务的收益呢？经济问题，2015（3）：103-107.

[7] 迟福林．国企改革与资本市场．北京：外文出版社，1998：127.

[8] 樊纲，王小鲁，张立文．中国各地区市场化进程报告．中国市场，2001（6）：58-61.

[9] 方军雄．所有制、制度环境与信贷资金配置．经济研究，2007（12）：82-92.

[10] 方晓霞．中国企业融资．北京：北京大学出版社，1999：26.

[11] 葛家澍，占美松．企业财务报告分析必须着重关注的几个财务信息——流动性、财务适应性、预期现金净流入、盈利能力和市场风险．会计研究，2008（5）：3-9.

[12] 顾乃康，张超，孙进军．影响资本结构决定的核心变量识别研究．当代财经，2007（11）：41-48.

［13］洪锡熙，沈艺峰．我国上市公司资本结构影响因素的实证分析．厦门大学学报（哲学社会科学版），2000（3）：114－133.

［14］黄贵海，宋敏．资本结构的决定因素——来自中国的证据．经济学季刊，2004，3（1）：395－414.

［15］黄少安，张岗．中国上市公司股权融资偏好分析．经济研究，2001（11）：12－27.

［16］黄速建．国企国有企业改革和发展：制度安排与现实选择．北京：经济管理出版社，2014.

［17］姜付秀，刘志彪．行业特征、资本结构与产品市场竞争．经济研究，2005（10）：74－81.

［18］姜付秀，黄继承．市场化进程与资本结构动态调整．管理世界，2011（3）：124－134.

［19］刘峰，叶凡，张仲山．"茅台现象"与资本结构理论．当代会计评论，2013，5（2）：1－19.

［20］林毅夫，李志赟．政策性负担、道德风险与预算软约束．经济研究，2004（2）：17－27.

［21］林毅夫，李志赟．中国的国有企业与金融体制改革．经济学（季刊），2005（3）：913－936.

［22］刘星，魏锋，詹宇，Benjamin Y. Tai．我国上市公司融资顺序的实证研究．会计研究，2004（6）：66－72.

［23］刘志彪，姜付秀，卢二波．资本结构与产品市场竞争强度．经济研究，2003（7）：60－67.

［24］陆正飞，高强．中国上市公司融资行为研究——基于问卷调查的分析．会计研究，2003（10）：16－24.

［25］陆正飞，辛宇．上市公司资本结构主要影响因素之实证研究．会计研究．1998（8）：34－37.

［26］陆正飞，叶康涛．中国上市公司股权融资偏好解析——偏好股权融资就是缘于融资成本低吗？经济研究，2004（4）：50－59.

［27］吕长江，王克敏．上市公司资本结构、股利分配及管理股权比例相互作用机制研究．会计研究．2002（3）：39－48.

[28] 马春爱. 企业财务弹性指数的构建及实证分析. 系统工程, 2010 (10)：61-66.

[29] 钱颖一. 激励与约束. 经济社会体制比较, 1999 (5)：7-13.

[30] 青木昌彦, 钱颖一. 转轨经济中的公司治理结构：内部人控制和银行作用. 北京：中国经济出版社, 1995.

[31] 阮素梅, 杨善林, 张莉. 公司治理与资本结构对上市公司价值创造能力综合影响的实证研究. 中国管理科学, 2015, 23 (5)：168-176.

[32] 沈根祥, 朱平芳. 上市公司资本结构决定因素实证分析. 数量经济技术经济研究, 1999 (5)：54-57.

[33] 石晓军, 张顺明. 商业信用、融资约束及效率影响. 经济研究, 2010 (1)：102-113.

[34] 孙健. 终极控制权与资本结构的选择——来自沪市的经验证据. 管理科学, 2008, 21 (2)：18-25.

[35] 孙永祥. 所有权、融资结构与公司治理机制. 经济研究, 2001 (1)：45-53.

[36] 汪强, 吴世农. 公司治理是如何影响资本结构的——基于我国上市公司的实证研究. 经济管理, 2007 (12)：4-13.

[37] 魏权龄. 数据包络分析. 北京：科学出版社, 2004.

[38] 吴敬琏. 建立有效的公司治理结构. 天津社会科学, 1996 (1)：16-18.

[39] 吴博. 中国高科技企业低杠杆效应及其动因研究. 统计与决策, 2006 (9)：126-127.

[40] 肖作平. 公司治理结构对资本结构类型的影响——一个 Logit 模型. 管理世界, 2005 (9)：137-147.

[41] 夏立军, 陈信元. 市场化进程、国企改革策略与公司治理结构的内生决定. 经济研究, 2007 (7)：82-96.

[42] 肖作平, 吴世农. 我国上市公司资本结构影响因素实证研究. 证券市场导报, 2002 (8)：39-44.

[43] 肖作平. 资本结构影响因素和双向效应动态模型——来自中国

上市公司面板数据的证据. 会计研究, 2004 (2): 36-48.

[44] 肖作平. 公司治理对资本选择的影响——理论和证据. 管理科学学报, 2008, 11 (5): 129-141.

[45] 谢德仁, 林乐. 管理层语调能预示公司未来业绩吗?——基于我国上市公司年度业绩说明会的文本分析. 会计研究, 2015 (2): 20-28.

[46] 辛清泉, 谭伟强. 市场化改革、企业业绩与国有企业经理薪酬. 经济研究, 2009 (11): 68-81.

[47] 邢斌, 徐龙炳. 超募、投资机会与公司价值. 会计研究, 2015, 41 (9): 65-78.

[48] 薛祖云, 黄彤. 董事会、监事会制度特征与会计信息质量——来自中国资本市场的经验分析. 财经理论与实践, 2004 (4): 84-89.

[49] 杨亦民, 刘星. 融资结构与企业投资——兼论大股东空载上市公司的经济后果. 北京: 社会科学出版社, 2009: 89.

[50] 曾爱民, 傅元略, 梁丽珍. 为什么企业偏好保守资本结构?——一个支持财务柔性的检验. 商业经济与管理, 2013 (6): 48-59.

[51] 张波涛, 李延喜, 栾庆伟. 认知偏差、财务困境成本与财务保守行为. 运筹与管理, 2008, 17 (2): 136-141.

[52] 张维迎. 企业理论与中国企业改革. 北京: 北京大学出版社, 1999.

[53] 张维迎. 从现代企业理论看国有企业改革. 改革, 1995 (3): 30-33.

[54] 张信东, 陈湘. 上市房地产企业零杠杆现象影响因素研究. 财经理论与实践, 2013, 34 (2): 78-82.

[55] 张信东, 张莉. 金字塔股权结构下企业的零杠杆现象——基于中国民营上市公司的实证研究. 经济与管理研究, 2013 (8): 48-56.

[56] 张信东, 陈艺萍. 企业生命周期、财务弹性供给与资本结构决策. 山西大学学报 (哲学社会科学版), 2015 (4): 131-139.

[57] 张信东, 史金凤. 中国资本市场效率研究. 北京: 科学出版社, 2013: 3.

［58］赵蒲，孙爱英．财务保守公司行为——基于中国上市公司的实证研究．管理世界，2004（11）：109－118．

［59］钟田丽，范宇．上市公司产品市场竞争程度与财务杠杆的选择．会计研究，2004（6）：73－77．

［60］朱武祥，陈寒梅，吴迅．产品市场竞争与财务保守行为——以燕京啤酒为例的分析．经济研究，2002（8）：28－35．

［61］左志锋，谢赤．产品市场竞争对资本结构的作用机理研究．湖南大学学报（社会科学版），2008（3）：51－54．

［62］Acharya，Viral V．，Almeida，Heitor．，Campello，Murillo. Is cash negative debt? a hedging perspective on corporate financial policies. Journal of Financial Intermediation，2007（16）：515－554．

［63］Agrawal，Anup．，Mandelker，Gershon. Managerial incentives and corporate investment and financing decisions，Journal of Finance，1987（42）：823－837．

［64］Altman，Edward I. Financial ratios，discriminant analysis and the prediction of corporate bankruptcy. The Journal of Finance，1968，22（4）：589－609．

［65］Bagha，Ramin. Servaes，Henri．，Tamayo，Ane. Does fair value reporting affect risk management? international survey evidence. Financial Management，2011，40（3）：525－551．

［66］Baker，M．，Wurgler，J. Market timing and capital structure. The Journal of Finance，2002，57（1）：1－32．

［67］Barclay，M．，Smith，C. The maturity structure of corporate debt. Journal of Finance，1995（50）：609－631．

［68］Barros，A. L．，Silveira，A. M. Overconfidence，managerial optimism and the determinants of capital structure. Brazilian Review of Finance，2008，6（3）：293－334．

［69］Benmelech，E．，Bergman，N. Collateral pricing. Journal of Financial Economics，2009，91（3）：339－360．

［70］Berger，Philip G．，Eliofek，David，Yermack，L. Managerial en-

trenchment and capital structure decisions. Journal of Finance, 1997, 52 (4):
1411 – 1438.

[71] Berle, A., Means, G. The modern corporation and private property.
New York, MacMillan, 1932.

[72] Bertrand, M., Schoar, A. Managing with Style: The effect of man-
agers on firm policies. Quarterly Journal of Economics, 2003, 118 (4): 1169 –
1208.

[73] Bessler, Wolfgang., Drobetz, Wolfgang., Haller, Rebekka.,
Meier, Iwan. The International zero-leverage phenomenon. Journal of corporate
finance, 2013 (23): 196 – 221.

[74] Bhagat, Sanjai., Subramanian, Ajay. Manager characteristics and
capital structure: Theory and evidence. Journal of Financial and Quantitative
Analysis, 2011, 46 (6): 1581 – 1627.

[75] Bhandari, L. C. Debt/equity ratio and expected common stock re-
turns: Empirical evidence. Journal of Finance, 1988 (43): 507 – 528.

[76] Blau, B. M., Fuller, Kathleen P. Flexibility and dividends. Journal
of Corporate Finance, 2008 (14): 133 – 152.

[77] Bradley, Michael., Jarrell, Gregg., Kim, E. Han. On the exist-
ence of an optimal capital structure: Theory and evidence. Journal of Finance,
1984, 39 (4): 857 – 878.

[78] Brander, James A. Lewis, Tracy R. Oligopoly and financial struc-
ture: The limited liability effect. American of Finance Reviews, 1986, 76
(5): 956 – 970.

[79] Bolton, P., Feixas, X. Equity, bonds, and bank debt: Capital
structure and financial market equilibrium under asymmetric information. Journal
of Political Economy, 2000, 108 (2): 324 – 351.

[80] Bolton, Patrick., Scharfstein, David. S. A theory of predation
based on agency problems in financial contracting. American Economic Review,
1990 (80): 93 – 106.

[81] Bowen, Robert M., Daly, Lane A., Huber, Charles C. Evidence

on the existence nd determinants of inter-industry differences in leverage. Financial Management, 1982, 11 (4): 10 – 20.

[82] Booth, L. , Aivazian, V. , Demirguc, Kunt A. et al. Capital structures in developing countries. The Journal of Finance, 2001, 56 (1): 87 – 130.

[83] Byoun, S. , Xu, Z. Why do some firms go debt free? Asia – Pacific Journal of Financial Studies, 2013, 42 (1): 1 – 38.

[84] Byoun, S. Financial Flexibility and Capital Structure Decision. SSRN, working Paper, 2011.

[85] Cadenillas, A. , Cvitanc, J. , Zapatero, F. Leverage decision and manager compensation with choice of effort and volatility. Journal of Financial Economics, 2004, 73 (1): 71 – 92.

[86] Campello, Murillo. Capital structure and product markets interactions: Evidence from business cycles. Journal of Financial Economics, 2003, 68 (3): 353 – 378.

[87] Chang, Chun. , Yu, X. Informational efficiency and liquidity premium as the determinants of capital structure, Journal of Financial and Quantitative Analysis, 2010, 45 (2): 401 – 440.

[88] Chaplinsky, S. and Niehaus, G. The determinants of inside ownership and leverage, Working paper, 1990.

[89] Chava, Sudheer. , Purnanandam, Amiyatosh. CEOs versus CFOs: Incentive and corporate policies. Journal of Financial Economics, 2010, 97: 263 – 278.

[90] Chen, Chang – Chih. Corporate financing under ambiguity: A utility-free multiple-priors approach. Working Paper, 2012.

[91] Chui, A. C. W. , Lloyd, A. E. , Kwok, C. C. Y. The determination of capital structure: Is national culture a missing piece to the puzzle? Journal of International Business Studies, 2002 (33): 99 – 127.

[92] Cole, J. L. , Naveen, D. , Naveen, L. Managerial incentives and risk-taking. Journal of Finance Economics, 2006, 79 (2): 431 – 468.

[93] Dang, V. A. An empirical analysis of zero-leverage firms: New evidence from the UK. International Review of Financial Analysis, 2013 (30): 189 – 202.

[94] Darabi, R. , Mohamadi, S. , Ghasemi, A. , Forozan, S. The relationship between financial flexibility and capital structure decisions. Research Journal of Applied Sciences, Engineering and Technology, 2013, 5 (14): 3843 – 3850.

[95] DeAngelo, H. , L. De Angelo, Stulz, R. Dividend policy and the earned/contributed capital mix: A test of the lifecycle theory. Journal of Financial Economics, 2006, 81 (2): 227 – 254.

[96] DeAngelo, H. , DeAngelo, L. , Whited, T. M. Capital structure dynamics and transitory debt. Journal of Financial Economics, 2011 (99): 235 – 261

[97] Demerjian, P. , Lev, B. , McVay, S. Quantifying managerial ability: A new measure and validity tests. Management Science, 2012, 58 (7): 1229 – 1248.

[98] DeAngelo, H. , Roll, R. How stable are corporate capital structures? The Journal of Finance, 2015, 70 (1): 373 – 418.

[99] DeAngelo, H. , DeAngelo, L. , Whited, T. Capital Structure dynamics and transitory debt. Journal of Financial Economics, 2011 (99): 235 – 261.

[100] Demirguc – Kunt, A. , Maksimovic, V. Institutionals, financial markets, and firm debt maturity. Journal of Financial Economics, 1999 (54): 295 – 336.

[101] Devos, E. , Dhillon, U. , Jagannathan, M. , Krishnamurthy, S. Why are firms unlevered? Journal of Corporate Finance, 2012 (18): 664 – 682.

[102] Diamond, D. W. Monitoring and reputation: The choice between bank loans and directly placed debt. Journal of Political Economy, 1991, 99 (4): 689 – 721.

[103] Faccio, M., Politically connected firms. American Economic Review, 2006, 96 (1): 369 – 386.

[104] Fama, E., Jensen, M. Separation of ownership and control. Journal of Law and Economics, 1983, 26 (2): 301 – 325.

[105] Fama, E. F., French, K. Testing trade – Off and pecking order predictions about dividends and debt. Review of Financial Studies, 2002, 15 (1): 1 – 33.

[106] Fama, Eugene. F. Agent problems and the theory of the firm. The Journal of Political Economy, 1980, 88 (2): 288 – 307.

[107] Fama, E., Jensen, M. Separation of ownership and control. Journal of Law and Economics 1983, 26 (2): 301 – 325.

[108] Fama, E., French, K. Common risk factors in the returns on stocks and bonds. Journal of Financial Economics, 1993 (33): 3 – 56.

[109] Fan, Joseph P. H., Titman, Sheridan., Twite, Gary. An international comparison of capital structure and debt maturity choices. Journal of Financial and Quantitative Analysis, 2012, 47 (1): 23 – 56.

[110] Faulkender, M., Petersen, M. A. Does the source of capital affect capital structure? Review of Financial Studies, 2006, 19 (1): 45 – 79.

[111] Francis, J., A. Huang, S. Rajgopal., Zang, A. CEO reputation and earnings quality. Contemporary Accounting Research, 2008, 25 (1): 109 – 147.

[112] Frank, Murray., Goyal, Vidhan K. Capital structure decisions: which factors are reliably important? . Finance Management, 2007, 38 (1): 1 – 37.

[113] Friend, Irwin., Lang. L. H. P. An empirical test of the impact of managerial self-interest on corporate capital structure. The Journal of Finance 1988, 43 (2): 271 – 281.

[114] Friend, Irwin and Joel Hasbrouck. Determinants of capital structure, in Andy Chen ed.: Research in Finance, 1988 (7): 1 – 19.

[115] Garvey, G., Gordon, T., Hanka, R. The management of corpo-

rate capital structure: Theory and Evidence. Working Paper, 1997.

[116] George, Thomas J. , Hwang, Chuan – Yang. A resolution of the distress risk and leverage puzzles in the cross section of stock returns. Journal of Financial Economics, 2010 (96): 56 – 79.

[117] Gilson, R. J. , Roe, M. J. Understanding the Japanese Keiretsu: Overlaps between corporate governance and industrial organization. Yale Law Journal, 1993, 102 (4): 871 – 906.

[118] Gonedes, Nicholas J. , Larry Lang, and Mathias Chikaonda. Empirical results on managerial incentives and capital structure, Working paper.

[119] Graham, J. How big are the tax benefits of debt. The Journal of Finance, 2000 (55): 1901 – 1941.

[120] Graham, J. R. , C. R. Harvey, The theory and practice of corporate finance: Evidence from the field, Journal of Financial Economics, 2001 (60): 187 – 243.

[121] Graham, J. R. , Harvey, C. R. , Puri, M. Managerial attitudes and corporate action. Journal of Financial Economics, 2013 (109): 103 – 121.

[122] Goodwin, T. H. The information ratio. Financial Analysts Journal, 1998, 54 (4): 34 – 43.

[123] Grinold R. C. , Khan R. N. The efficiency gains of long-short investing. Financial Analysts Journal, 2000, 56 (6): 40 – 53.

[124] Hadlock, C. J. , Pierce, J. R. New evidence on measuring financial constraints: Moving beyond the KZ index. The review of financial studies. 2010, 23 (5): 1909 – 1940.

[125] Harris, Milton. , Raviv, Artur. The theory of capital structure. The Journal of Finance, 1991, 46 (1): 297 – 355.

[126] Hennessy, C. A. , Whited, T. M. Debt dynamics. Journal of Finance, 2005, 60 (3): 1129 – 1165.

[127] Holmstrom, B. , Tirole, J. Private and public supply of liquidity. Journal of Political Economy, 1998, 106 (1): 1 – 40.

[128] Hongbok Lee, Moon, Gisung. The long-run equity performance of zero-leverage firms. Managerial Finance, 2011, 37 (10): 872 – 889.

[129] Hosmer, D. W., Lemeshow, S. Applied logistic regression. New York: Wiley, 2013.

[130] Huang, Jiekun., Kisgen, Darren J. Gender and corporate finance: Are male executives overconfident relative to female executives? Journal of Financial Economics, 2013 (108): 822 – 839.

[131] Iona, A., Leonida, L., Ozkan, A. Determinants of financial conservatism: Evidence form low-leverage and cash-rich UK firms. Working Paper, 2007.

[132] Jensen, M. C. The performance of mutual funds in the period 1945 – 1964. The Journal of Finance, 1968 (23): 389 – 416.

[133] Jensen, M. C. The modern industrial revolution, exit, and the failure of internal control systems. Journal of Finance, 1993, 48 (3): 831 – 880.

[134] Jensen, M. C., Meckling, William H. Theory of firm: Managerial behavior, agency costs and ownership in structure. Journal of Financial Economics, 1976 (3): 305 – 360.

[135] Jensen, M. C. Agent costs of free cash flow, corporate finance, and takeovers. The American Economic Review, 1986, 76 (2): 323 – 329.

[136] Ju, N., R. Parrino, A. M. Poteshman, M., Weisbach, S. Horses and rabbits? trade-off theory and optimal capital structure. Journal of Financial and Quantitative Analysis, 2005 (40): 259 – 281.

[137] Kester, Carl W. Capital and ownership structure: A comparison of United States and Japanese manufacturing corporations. Financial Management, 1986, 15 (1): 5 – 16.

[138] Khwaja, A., Mian, A. Do lenders favor politically connected firms? rent provision in an emerging financial market. Quarterly Journal of Economics, 2005, 120 (4): 1371 – 1411.

[139] Kim, Wi Saeng and Eric H. Sorensen. Evidence on the impact of the agency costs of debt in corporate debt policy, Journal of Financial and Quan-

titative Analysis, 1986 (21): 131 – 144.

[140] Korteweg, Arthur. The net benefits to leverage. The Journal of Finance. 2010, 65 (6): 2137 – 2170.

[141] Korteweg, A. Financial leverage and expected stock returns: Evidence from pure exchange offers. Working Paper, 2004.

[142] Kovenock, Dan. Phillips, Gordon. Capital structure and product market behavior: An examination of plant exit and investment decisions, Review of Financial Studies, 1997 (3): 767 – 803.

[143] Lakonishok, J. , Shleifer, A. and Vishny, R. W. The impact of institutional trading on stock prices. Journal of Financial Economics, 1992, 32: 23 – 43.

[144] La Porta, Raafel. , Lo Pez-de – Silnaes, Florencio. , Shleief, Andreri. , Vishyn, Robert W. Legal determinants of external finance. The Journal of Finance, 1997 (52): 1131 – 1150.

[145] La porta A. et al. Corporate ownership around the world. The Journal of Finance, 1999, 54 (2): 471 – 517.

[146] Leary, M. , Roberts, M. Do firms rebalance their capital structures? Journal of Finance, 2005 (60): 2575 – 2619.

[147] Lemmon, Michael L. , Roberts, Michael R. , Zender, Jaime F. Back to the beginning: Persistence and cross-section of corporate capital structure. The Journal of Finance, 2008 (63): 1537 – 1573.

[148] Lewellen, K. Financing decisions when managers are risk adverse. Journal of Financial Economics, 2006 (82): 551 – 590.

[149] Liu, W. , Strong, N. Biases in decomposing holding-period portfolio returns. The Review of Financial Studies, 2008, 21 (5): 2243 – 2274.

[150] Long, Michael. , Malitz, Ileen. The investment-financing nexus: Some empirical evidence. Midland Corporate Finance Journal, 1985 (3): 53 – 59.

[151] Maksimovic, Vojislav. , Titman, Sheridan. Financial policy and reputation for product quality. Review of Financial Studies, 1991 (2): 175 –

200.

[152] Malmendier, U. , Tate, G. , Yan, J. Overcon. Fidence and early-life experiences: The effect of managerial traits on corporate financial policies. The Journal of Finance, 2011, 66 (5): 1687 – 1733.

[153] Marchica, M. , Mura, R. Financial flexibility, investment ability and firm value: Evidence from firms with spare debt capacity. Journal of Financial Management, 2010 (39): 1339 – 1365.

[154] Marsh, Paul, The choice between equity and debt: An empirical study, Journal of Finance, 1982 (37): 121 – 144.

[155] Miller, Merton. Debt and tax. The Journal of Finance, 1977 (2): 261 – 275.

[156] Miller, M. H. , Scholes, M. Dividends and taxes. Journal of Financial Economics, 1978, 6 (4): 333 – 364.

[157] Minton, B. A. , Wruck, K. H. Financial conservatism: Evidence on capital structure from low leverage firms. Working Paper, 2001.

[158] Modigliani, F. , Miller M. H. The cost of capital, corporation finance and the theory of investment. American Economic Review, 1958 (58): 261 – 297.

[159] Modigliani, Franco. , Miller, Merton H. Corporate income taxes and the cost of capital: A correction. American Economic Review, 1963 (53): 433 – 443.

[160] Myers, Stephen A. The capital structure puzzle. The Journal of Finance, 1984, 39 (3): 575 – 592.

[161] Morellec, E. Can managerial discretion explain observed leverage ratios? Review of Financial Studies, 2004 (17): 257 – 294.

[162] Myers, Stewart C. , Majluf, N. S. Corporate financing and investment decisions when firms have information that investors do not have. Journal of Financial Economics, 1984 (13): 187 – 221.

[163] Myers, Stewart C. Still searching for optimal capital structure. Journal of Applied Corporate Finance, 1993 (6): 4 – 14.

[164] Myers, Stewart C. Determinants of corporate borrowing. Journal of Financial Economics, 1977 (5): 147 - 175.

[165] Opler, T. , Pinkowitz, L. , Stulz, R. , Willamson, R. The determinants and implications of corporate cash holding. Journal of financial and economics, 1999 (52): 3 - 46.

[166] Opler, Timothy. , Titman, Sheridan. Financial distress and corporate performance. The Journal of Finance, 1994 (49): 1015 - 1040.

[167] Pearson, K. Mathematical contributions to the theory of evolution—on a form of spurious correlation which may arise when indices are used in the measurement of organs. Proceedings of the Royal Society of London, 1896 - 1897 (60): 489 - 498.

[168] Petersen, M. Estimating standard errors in finance panel data sets: Comparing Approaches. Review of Financial Studies, 2009 (22): 435 - 480.

[169] Penman, S. H. , Richardson, S. A. , Tuna, I. The book-to-price effect in stock returns: Accounting for leverage. Journal of Accounting Research, 2007, 45 (2): 427 - 467.

[170] Powell, J. , Shi, J. , Smith, T. , Whaley, R. Common divisors, payout persistence, and return predictability. International Review of Finance, 2009, 9 (4): 335 - 357.

[171] Rajan, R. G. , Zingales, Luigi. What do we know about capital structure? some evidence from international data. The Journal of Finance, 1995 (50): 1421 - 1460.

[172] Rampini, Adriano A. , Viswanathan, S. Collateral, risk management and the distribution of debt capacity. The Journal of Finance, 2010 (65): 2293 - 2322.

[173] Ross, Stephen A. The economic theory of agency: The principal's problem. The American Economic Review, 1973, 63 (2), 134 - 139.

[174] Ross, Stephen A. The determination of financial structure: The incentive signaling approach. Bell Journal of Economics, 1977 (8): 23 - 40.

[175] Santiago Bazdresch. Can equity issuance costs explain the low lever-

age of high growth firms? Working Paper, 2011.

[176] Sharpe, S. A., Nguyen, H. H. Capital market imperfection and the incentive to lease. Journal of Financial Economics, 1995 (39): 271 – 294.

[177] Sharpe, W. F. Mutual fund performance. Journal of Business, 1966, 39 (S1): 119 – 138.

[178] Sharpe, W. F. The sharpe ratio. The Journal of Portfolio Management, 1994, 21 (1): 49 – 58.

[179] Shleifer, A., Vishny, R. W. Large shareholders and corporate control. Journal of Political Economy, 1986, 94 (3): 461 – 488.

[180] Shleifer, A., Vishney, R. W. A survey of corporate governance. The Journal of Finance, 1997, 52 (2): 737 – 783.

[181] Stein, Jeremy C. Rational capital budgeting in an irrational world, Journal of Business 1996 (69): 429 – 455.

[182] Stiglitz, J. E., A. Weiss. Credit rationing in markets with imperfect information. American Economic Review, 1981, 71 (3): 393 – 410

[183] Strebulaev, I. A., Yang, B. The mystery of zero-leverage firms. Journal of Financial Economics, 2013 (109): 1 – 23.

[184] Titman, Sheridan. The effect of capital structure on a firm's liquidation decision. Journal of Financial Economics, 1984 (13): 137 – 151.

[185] Titman, Sheridan., Wessels, R. The determinants of capital structure choice. The Journal of Finance, 1988 (1): 1 – 19.

[186] Welch, Ivo. Capital structures and stock returns, Journal of Political Economy, 2004 (112): 106 – 131.

[187] Welch, Ivo. Common flaws in empirical capital structure research. Working Paper, 2007.

[188] Welch, I. Capital structure and stock returns. Journal of Political Economy, 2004, 112 (1): 106 – 131.

[189] Yemraek, D. Higher market valuation for firms with a small board of directors. Journal of Financial Economics, 1996, 40 (2): 185 – 211.

[190] Zaher, Tarek S. Performance of debt free firms. Managerial Finance, 2010, 36 (6): 491 –501.

[191] Zhang, X. D. , Ni, L. , Chen, Y. P. "Lower leverage puzzle" in China's listed firms: An empirical study based on firm efficiency. International Journal of Management and Enterprise Development, 2012 (1): 54 –72.

附录 1

变量定义与计算

变量	变量符号	变量定义
资产负债率	Debt	负债/账面资产
杠杆	Lev	债务融资＝短期债＋一年到期的长期债＋长期借款＋应付债券
长期负债资产比	Ldebt	长期负债/账面资产
净债务资产比	Netdebt	（债务融资－现金及其等价）/账面资产
市值资产负债率	Mdebt	负债/公司市值；公司市值＝股权市值＋净债务市值，其中：股权市值＝流通在外的股票数量×每股股票价格＋非流通股权市值，非流通股权市值用净资产代替计算
市值杠杆	Mlev	债务融资/市值资产
市值长期负债资产比	Ldebt	长期负债/市值资产
市值净债务资产比	Netdebt	（债务融资－现金及其等价）/市值资产
规模	Size	资产的自然对数
成长性	Growth	托宾 Q 值＝公司市值/账面资产
公司年龄	Age	公司当年所在财务年份减去公司成立时年份
可抵押资产	Fixed	固定资产净额/账面资产
无形资产	Inasset	无形资产净额/账面资产
非债务税盾	Depre	折旧摊销/账面资产
实际所得税率	Tax	所得税费用/利润总额
现金持有	Cash	期末现金及现金等价物余额/账面资产
资本支出	CapEx	资本支出/账面资产；其中资本支出＝公司购置固定资产、无形资产及其他长期资产支付的现金
营运资本	Ocap	营运资金/账面资产；营运资金＝流动资产－流动负债

续表

变量	变量符号	变量定义
盈利能力	Prof	净利润/账面资产
净资产收益率	ROE	净利润/股东权益
每股收益	EPS	净利润/公司总股数
市盈率	PE	每股市价/每股收益
股利分派率	Div	每股股利/每股收益
内部资金积累	Incap	内部资金积累/账面资产,内部资金积累 = 盈余公积 + 未分配利润
破产成本	Zscore	$Z = 0.012X_1 + 0.014X_2 + 0.033X_3 + 0.006X_4 + 0.999X_5$,其中:X1:营运资本/资产;X2:留存收益/资产;X3:息税前利润/资产;X4:资产市值/资产账面值;X5:销售额/资产
实际控制人性质	Control	当公司实际控制人为国有时等于1,其他为0
股权集中度	F – own	公司第一大股东持股比例
H 指数	Hindex	Herfindahl 指数,第一大股东持股比例的平方和
S 指数	Sindex	公司第二大股东至第十大股东持股比例之和
委员会数量	Board	董事会设立的专门委员会个数
董事人数	Bnum	董事会董事人数
独立董事执行力	Indire	公司独立董事中专业为会计等相关专业独立董事如果与公司注册地在同一地方时等于1,不同时等于0
独立董事人数	INDnum	公司独立董事人数
董事会持股	Bown	(董事会人员持股数量/公司总股数)×100%
监事会持股	Sown	(监事会人员持股数量/公司总股数)×100%
性别哑变量	Gend	CEO 性别为男时等于1,否则为0
管理者持股	Eown	(CEO 持股数量/公司总股数)×100%
管理者薪酬	Ecomp	CEO 薪酬的自然对数
管理者年龄	Eage	公司披露的 CEO 当年年龄
管理者能力	Eability	计算获得
管理者教育背景	Eedu	1 = 中专及中专以下,2 = 大专,3 = 本科,4 = 硕士研究生,5 = 博士研究生,6 = 其他
管理者兼任	Ejob	CEO 有兼任时等于1,没有兼任时等于0

附录 2

连续五年不使用债务融资公司名录

证券代码	证券简称	公司名称
000568	川老窖	泸州老窖股份有限公司
000858	五粮液	宜宾五粮液股份有限公司
000869	张裕	烟台张裕葡萄酿酒股份有限公司
600197	伊力特	新疆伊力特实业股份有限公司
600519	贵州茅台	贵州茅台酒股份有限公司
600809	山西汾酒	山西杏花村汾酒厂股份有限公司
000021	深科技	深圳开发科技股份有限公司
600588	用友软件	北京用友软件股份有限公司
600640	国脉实业	上海国脉实业股份有限公司
600776	东方通信	东方通信股份有限公司
000423	东阿阿胶	山东东阿阿胶股份有限公司
000766	通化金马	通化金马药业股份有限公司
000989	九芝堂	湖南九芝堂股份有限公司
000150	麦科特	麦科特光电股份有限公司
000609	燕化高新	北京燕化高新技术股份有限公司
000413	宝石	石家庄宝石电子玻璃股份有限公司
000541	粤照明	佛山电器照明股份有限公司
000651	格力电器	珠海格力电器股份有限公司
600983	合肥三洋	合肥荣事达三洋电器股份有限公司
000520	武凤凰	武汉凤凰股份有限公司
600149	邢台轧辊	邢台轧辊股份有限公司

证券代码	证券简称	公司名称
000656	重庆东源	重庆东源钢业股份有限公司
600890	汽油机	长春汽油机股份有限公司
000985	大庆华科	大庆华科（集团）股份有限公司
600135	乐凯胶片	乐凯胶片股份有限公司
600378	天科股份	四川天一科技股份有限公司
600985	雷鸣科化	安徽雷鸣科化股份有限公司
000779	三毛派神	兰州三毛实业股份有限公司
000956	中原油气	中原油气田股份有限公司
600233	大杨创世	大连大杨创世股份有限公司
000524	穗东方	广州市东方宾馆股份有限公司
000987	广州友谊	广州友谊商店股份有限公司
600056	中技贸易	中技贸易股份有限公司
600113	浙江东日	浙江东日股份有限公司
600763	北京中燕	北京中燕探戈羽绒制品股份有限公司
000096	广聚能源	深圳市广聚能源股份有限公司
600861	北京城乡	北京城乡贸易中心股份有限公司
600891	秋林股份	哈尔滨秋林股份有限公司
000916	华北高速	华北高速公路股份有限公司
600270	外运发展	中外运空运发展股份有限公司
600575	芜湖港	芜湖港储运股份有限公司
600897	厦门机场	厦门机场发展股份有限公司
000880	山东巨力	山东巨力股份有限公司
600038	哈飞股份	哈飞航空工业股份有限公司
600099	林海股份	林海股份有限公司
000637	茂化实华	茂名石化实华股份有限公司
000819	岳阳兴长	岳阳兴长石化股份有限公司
600167	黎明股份	沈阳黎明服装股份有限公司
000602	金马集团	广东金马旅游集团股份有限公司

续表

证券代码	证券简称	公司名称
000534	汕电力	汕头电力发展股份有限公司
000620	牡石化	牡丹江石化集团股份有限公司
000798	中水渔业	中水集团远洋股份有限公司
000817	辽河油田	辽河金马油田股份有限公司
600088	中视股份	无锡中视影视基地股份有限公司
600560	金自天正	北京金自天正智能控制股份有限公司

后　　记

　　公司融资作为现代公司金融研究与应用的核心内容受到学者和实业家的重视，不同融资工具的使用和匹配影响公司的资本结构，最终影响公司的价值和股东利益。资本结构权衡理论、代理成本理论等经典理论认为，适度增加负债不仅能降低管理者代理成本，而且债务利息的税收抵免效应可以提高公司价值，增加股东财富。公司存在最优资本结构。但是，现实经济中许多公司的杠杆并没有达到最优资本结构值，一些公司甚至放弃债务利息的税盾收益，不使用任何债务融资。如何解释公司这一与资本结构经典理论相悖的债务保守现象逐渐成为公司金融研究新的热点。

　　目前，关于公司债务保守的研究主要关注的是发达国家公司。研究者们基于资本市场有效的假设探讨公司不使用债务融资、债务保守的原因，关于经济转型、资本市场发展处于初级阶段国家公司债务保守的研究尚显欠缺。众所周知，公司所在国家经济发展状况、制度环境对公司融资决策具有显著影响。中国资本市场发展阶段和文化制度环境与发达国家有明显差异，各地区经济发展和市场化进程也不一致。因此，研究新兴市场国家公司债务保守状况有助于全面揭示公司债务保守的本质。

　　本书立足于中国资本市场的发展阶段和特殊的制度背景，在重新界定公司债务保守内涵的基础上，基于中国 A 股主板市场上市公司，首先，从时间、行业和区域不同的维度对中国公司债务保守进行详细描述，指出中国上市公司债务保守存在行业和地区差异。其次，通过构建匹配样本，基于中国制度背景和公司融资环境的差异，从公司特征、管理者特征、公司治理、行业与产品市场特征和宏观环境等不同层面，采用统计分析和理论推导的方法对公司债务保守的成因进行了系统的分析，并通过构建投资组合对债务保守公司与杠杆公司组合业绩进行了对比分析。与经典公司金融理论不符，中国上市公司存在债务保守的"资本结构异象"，债务保守公司的业绩优于杠杆公司，不使用债务融资没有影响公司业绩表现。本书的研究补充了公司债务保守的证据，拓展了现有公司债务保守研究内涵，指出了经典公司金融理论需要修正与改进。

本书是在我博士学位论文基础上修改完善形成的。回顾博士就读历程，感触颇多：反思学术与现实的差距，反思学问与实践的结合……迷茫恍若昨日，种种心路历程不知如何诉说。执着如我，岁月的磨砺、生活的积累、学业的进步……每一点滴都离不开周围人的支持与帮助。

我的师长与导师张信东教授和刘维奇教授，他们渊博的学识、儒雅的谈吐深深吸引着我；其治学的严谨、为世的正直更是令我高山仰止。先生们予我的不仅是学业上的指导，更有精神上无限的支持，心中感恩无以言表。我的硕士老师李志强教授、刘锦雯教授时时予以我学业、生活的关心与解惑，令我感激不尽。我的同事陆守成书记、李常洪和李补喜院长、王素莲、翟晓英、史金凤等老师给予我工作上的支持和研究架构写作的建议，我的朋友、师姐妹和师兄弟们在我无奈彷徨时予我的鼓励，在此一并表示衷心的感谢。本书的完成倾注了我的家人：父母、先生、女儿无限的关爱，没有他们的支持和理解我是不可能完成本书的，而对他们的歉疚是无法用语言表达的。

最后，特别要向北京大学王立彦教授、诺丁汉大学刘卫民教授、经济科学出版社张庆杰先生予以本书的建议与帮助致以真挚的感谢。

路漫漫其修远兮，吾将上下而求索。

2017 年 3 月于山西大学